KB162746

왜
독립 협회는
해산되었을까?

49
역사공화국
한국사법정

교과서 속 역사 이야기, 법정에 서다

왜 홍종우 vs 윤치호

독립 협회는

해산되었을까?

글 정명섭 | 그림 고영미

|주|자음과모음

1876년 일본과 조일수호조규(강화도 조약 혹은 병자수호조약이라고도 부르며, 일본의 강압으로 조선과 일본 사이에 맺어진 불평등 통상 조약)를 맺은 조선은 큰 변화에 직면합니다. 조선 왕조의 통치 이념이었던 유학은 새로운 사상 앞에서 절대적인 지위를 잃어버리게 됩니다. 당연시되던 왕권은 물론 양반과 평민, 천민으로 구분되던 신분 제도 역시 흔들리게 되어 버리죠.

이런 혼란 속에서 고종을 비롯한 지배층은 변화를 받아들이려고 애를 씁니다. 하지만 청나라를 비롯한 서구 열강들의 간섭과 집권 세력의 권력 투쟁이 겹치면서 조선의 위기는 계속됩니다.

이런 상황을 보다 못한 일부 지식인들이 독립 협회를 구성합니다. 독립 협회는 정부가 외국에게 무분별하게 이권(利權)을 넘겨주는 것을 반대하고, 청나라 사신을 맞이하던 영은문을 헐고 그 자리에 독립문을 세우는 등 조선이 자주 독립국임을 천명했습니다.

또한 최초의 순한글 신문인 『독립신문』을 발간했습니다. 이는 한문을 모르던 대다수 백성들에게 민족의식을 고취시키고자 했던 것으로 큰 성과를 거두었습니다. 『독립신문』은 조선을 통치하던 국왕과 사대부들을 맹렬히 비판하면서 백성이 주체가 되는 개혁을 주장하면서 큰 호응을 받습니다.

그리고 독립 협회는 최초의 대중 집회라고 할 수 있는 만민 공동회를 개최했습니다. 그 전까지는 그저 통치의 대상이었던 백성들이 한자리에 모여서 정부의 정책과 외세의 이권 침탈을 비판했습니다. 이들은 시국에 대한 6개조의 개혁안을 결의하여 황제에게 건의합니다.

백성들의 이런 움직임에 놀란 고종과 대신들은 처음에는 만민 공동회가 주장한 헌의 6조를 받아들이는 등 예전에는 상상도 할 수 없었던 모습을 보여 줍니다. 하지만 독립 협회의 계속되는 이런 활동에 위협을 느낀 고종과 대신들은 보부상들을 동원해 무력으로 만민 공동회를 해산시키는 한편, 역모를 꾸몄다는 이유로 지도부를 체포합니다. 결국 독립 협회는 강제로 해산 당했고, 『독립신문』도 폐간되고 말았습니다.

하지만 독립 협회의 등장과 활동은 유교적 사상을 기반으로 한 전통적인 사상이 끝나고 인권에 기반을 둔 근대적 사상이 조선에 뿌리를 내리기 시작했음을 증명합니다. 이런 일들이 일본과 조약을 맺고 개항을 한 지 불과 10여 년 만에 일어났다는 것은 민중들의 잠재력과 성숙된 민족의식을 보여 주는 사례라 할 수 있습니다.

　독립 협회의 이런 활동은 역사 교과서에서도 비중 있게 다루어져 있습니다. 하지만 이런 해석에 반대하는 목소리도 들려오는군요. 한국사법정에서 이들이 과연 무슨 근거로 독립 협회 활동에 반대하는 주장을 하는지 우리 다 같이 지켜볼까요?

정명섭

차례

국민들 사이에 나라의 자주독립
을 지키려는 움직임이 일어나자,
『독립신문』을 만들고 있던 서재
필과 개화파 지식인들이 중심이
되어 1896년 독립 협회가 설립
되었습니다.

| 중학교 | 역사 | VIII. 주권 수호 운동의 전개
　1. 독립 협회와 대한 제국
　　2) 독립 협회의 지도층이 만들고자 한 사회는?
　　　〈독립 협회의 활동〉 |
| | | VIII. 주권 수호 운동의 전개
　1. 독립 협회와 대한 제국
　　2) 독립 협회의 지도층이 만들고자 한 사회는?
　　　〈만민 공동회〉 |

만민 공동회는 독립 협회 활동 중 가
장 활발했던 것으로 일종의 민중 집회
입니다. 일반 시민들도 참여하여 정치
와 사회 등 여러 문제에 관해 토론을
펼쳤습니다.

독립 협회가 민권 보장 운동을 전개하는 등 활동을 계속하자, 수구 세력의 방해가 시작됩니다. 결국은 독립 협회와 만민 공동회를 이끈 지도자들이 체포되고 사실상 독립 협회가 추진했던 개혁 운동은 좌절되게 되지요.

1883년 『한성순보』 발간
원산 학사 설립

1884년 우정국 설치
갑신정변

1885년 배재 학당 설립
광혜원 설립

1894년 동학 농민 운동
김홍집 내각의 갑오개혁

1895년 을미사변(명성 황후 시해)

1896년 아관 파천
『독립신문』 발간
7월, 독립 협회 설립

1897년 대한 제국 국호 사용

1898년 만민 공동회 개최
12월, 독립 협회 해산

1899년 경인선 개통

1900년 만국 우편 연합 가입

1884년	청 · 프랑스 전쟁
1885년	청 · 일 톈진 조약 체결
1887년	프랑스령 인도차이나 성립
1894년	청 · 일 전쟁
1896년	시온주의 운동
1898년	청, 무술정변 파쇼다 사건
1899년	헤이그 만국 평화 회의
1900년	의화단 운동
1902년	영 · 일 동맹
1904년	러 · 일 전쟁

원고 **홍종우(1854년~1913년)**

후대 사람들은 나를 상하이에서 김옥균을 암살한 자객
으로 기억하지만 나는 엄연히 대한 제국의 관리입니다.
독립 협회의 열정은 이해하지만 방법이 잘못되었습니
다. 나라에는 법도가 있고 절차가 있습니다. 그런 것들
을 깡그리 무시하고 집회를 열어 정부에 압력을 넣는
것이 정당한 방법입니까?

원고 측 변호사 **이대로**

난감한 재판을 맡게 되었습니다만 역사에는 정답은
없는 법이니까요. 재판을 준비하면서 자료들을 살펴
보니 흥미로운 얘기들이 많았습니다. 독립 협회가 왜
해산되었는지에 대해서 냉정하고 객관적으로 바라
볼 필요가 있습니다.

원고 측 증인 **안경수**

초대 독립 협회 회장을 지낸 안경수올시다. 원래 독
립 협회는 개화사상을 가진 관리들이 지속적인 개혁
정책을 펴기 위해 만든 협회입니다. 그런데 젊은 과
격파들이 참여하면서 성격이 변하고 말았죠. 참으로
안타까운 일이 아닐 수 없어요.

원고 측 증인 **이완용**

맞아요. 나는 친일파에 매국노입니다. 하지만 당시 상황에 대해서는 누구보다 잘 알고 있습니다. 『독립 신문』은 독립 협회의 주장을 앵무새처럼 되풀이한 것에 불과합니다. 왜 그런지는 법정에서 속 시원하게 말씀드리겠습니다.

원고 측 증인 **이용익**

대한 제국을 위해 애쓰다가 멀리 객지에서 최후를 맞은 이용익이라고 합니다. 들자 하니 독립 협회 활동을 하던 이들이 자신들이 옳은 일을 하다 죽음을 맞았다고 주장한다는 어이없는 얘기를 들었습니다. 내가 법정에서 그들이 왜 그럴 자격이 없는지를 명백하게 밝히도록 하겠습니다.

판사 **공정한**

나는 역사공화국에서 공정하기로 소문난 공정한 판사입니다. 독립 협회에 대한 재판이라 더욱 흥미롭군요. 역사를 바로 세우는 재판인 만큼 올바른 판결을 내리도록 노력하겠습니다.

피고 윤치호(1865년~1945년)

독립 협회를 설립한 윤치호올시다. 세상은 미친 듯이 변하고 있는데 임금과 대신들은 권력 투쟁에만 몰두할 뿐 제대로 된 대책을 세우지 않았죠. 그래서 독립 협회를 세우고 이 나라의 자주독립을 위해 활동하게 된 것입니다. 그런데 소송이라니요?

피고 측 변호사 김딴지

독립 협회의 활동은 조선의 마지막 희망이었습니다. 그런데 생전에 방해한 것도 모자라서 저승까지 와서 이런 식으로 발목을 잡다니 통탄할 노릇입니다. 조선을 사랑하는 나 김딴지 변호사는 법정에서 명백하게 그 시시비비를 밝히도록 하겠습니다.

피고 측 증인 서재필

윤치호와 함께 독립 협회를 만들고 『독립신문』을 발간한 서재필입니다. 갑신정변이 실패로 돌아간 후 일본을 거쳐 미국에서 살면서 많은 것들을 보고 배웠습니다. 그래서 조선도 하루빨리 부강해지고 자주독립을 유지할 수 있도록 하기 위해 최선을 다했습니다.

피고 측 증인 이상재

독립 협회 부회장을 지낸 이상재라고 합니다. 독립 협회는 무너져 가는 대한 제국을 바로 세우고 외국의 부당한 간섭에서 벗어나고자 노력했습니다. 독립 협회가 민초들의 목소리를 직접 통치자에게 전달한 점은 우리 민족 역사상 획기적인 일이었습니다.

피고 측 증인 주시경

한글 전도사 주시경입니다. 나도 어릴 때는 한문을 배웠고 배재 학당에 입학하면서 신학문을 접했습니다. 그 후 독립신문사에 취직하면서 한글에 눈을 뜨게 되었지요. 그때의 경험을 살려 한글 문법을 정리하고 한글 쓰기 운동을 하게 되었죠.

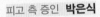

피고 측 증인 정교

『대한계년사』를 쓴 정교라고 합니다. 독립 협회의 해산은 그 당시 나라의 운명을 걱정하는 이들에게는 희망을 잃는 일이었습니다. 그런데 그 해산이 정당한 일이라니요? 아무튼 내가 당시 얘기를 소상히 들려드리겠습니다.

피고 측 증인 박은식

대한 제국이 멸망하는 과정을 쓴 『한국통사』의 저자 박은식입니다. 독립 협회가 왜 해산되었는지 아는 대로 말씀드리기 위해 법정에 서게 되었습니다. 내가 설명하는 일들이 불과 120년 전 얘기라는 걸 명심하시고 들어주셨으면 좋겠습니다.

"독립 협회 해산은 당연한 결과였다고요"

"이번 소송을 맡아 주십시오."

소파에 앉아서 낮잠을 즐기던 이대로 변호사는 노크도 하지 않고 들어선 낯선 남자의 말에 놀라서 눈을 떴다. 얼른 정신을 수습한 이대로 변호사는 남자에게 우선 자리에 앉으라고 권하면서 대답했다.

"어떤 재판인지 듣고 결정하도록 하겠습니다."

"독립 협회가 왜 해산되었는지에 대한 소송입니다. 당신이 보기에는 어느 쪽이 잘못한 것 같습니까?"

"그거야 당연히 독립 협회를 해산시킨 쪽 잘못이죠. 듣자 하니 독립 협회의 해산이 정당했다는 소송이 제기됐다고 하던데 혹시……."

"맞습니다. 내가 소송을 제기했습니다."

남자가 고개를 끄덕거리자 이대로 변호사가 고개를 저었다.

"그 재판은 맡지 않겠습니다."

이대로 변호사의 말에 맞은편에 앉은 남자의 눈썹이 꿈틀거렸다.

"듣지도 않고 거절하시는 겁니까? 듣던 것과는 많이 다르군요."

"어떤 얘기를 들으셨는지는 모르겠지만 저도 나름대로의 기준이 있습니다."

"그럼 할 수 없군요."

낮은 어조로 말하며 남자가 품속에서 뭔가를 꺼내는 걸 본 이대로 변호사는 비명을 지르며 소파 뒤로 몸을 날렸다.

"이봐요. 지금 무슨 짓을 하려는 겁니까?"

소파 뒤에 숨어서 고개만 내민 이대로 변호사가 부들부들 떨면서 묻자 남자는 깃털로 장식된 황금색 펜을 탁자 위에 내려놓으며 피식 웃었다.

"옛날 물건들을 좋아하신다고 해서 가져온 겁니다. 내가 총이라도 꺼내는 줄 알았습니까?"

무안해진 이대로 변호사가 소파에 도로 앉으며 펜을 집었다. 새의 깃털이 장식된 황금색 펜은 한눈에 보기에도 고급스럽고 오래돼 보였다. 옛날 물건이라면 사족을 못 쓰는 이대로 변호사가 펜에서 눈을 떼지 못하는 걸 보며 남자가 말했다.

"1893년 프랑스를 떠날 때 친구에게 받은 선물입니다. 소송을 맡아 주신다면 이 펜을 선물로 드리겠습니다."

"좋습니다. 역사를 다른 관점에서 보는 것도 필요한 일이니까요. 그런데 왜 승산도 별로 없어 보이는 소송을 제기한 겁니까?"

이대로 변호사의 물음에 남자는 깊은 한숨을 한번 내쉬더니 얘기를 털어놓았다.

"영혼들의 만민 공동회 때문입니다. 저승까지 와서 소동을 벌이고 싶지는 않았지만 잘못된 것을 그냥 보고 넘어갈 수가 없었습니다."

"영혼들의 만민 공동회라면……."

"네, 만민 공동회에 참석한 영혼들을 모두 승자의 마을로 보내라는 시위 말입니다. 도대체 이게 말이나 되는 소리입니까?"

남자의 말에 이대로 변호사가 동의한다는 듯 고개를 끄덕였다.

"원래 승자의 마을은 엄격한 개별 심사를 통해서만 들어갈 수 있습니다. 심사가 늦어져서 이승 시간으로 백 년이 넘는 시간 동안 중간지대에 머물고 있는 영혼들도 있는데 일괄적으로 승자의 마을로 보내 달라고 하는 건 좀 무리한 주장이기는 합니다."

"이승에서처럼 숫자만 믿고 밀어붙이는 거죠."

남자는 분개한 표정으로 말했다. 잠자코 듣고 있던 이대로 변호사가 입을 열었다.

"알겠습니다. 이 재판을 맡도록 하겠습니다."

"정말입니까? 다른 변호사들은 상대편이 선임한 김딴지 변호사 이름만 듣고는 꼬리를 내리던데요."

"김딴지 변호사가 조선사 관련 재판에서 두각을 나타내고 있지만 저도 승소율은 높은 편입니다."

이대로 변호사는 김딴지 변호사의 이름을 듣고 속으로 찔끔했지만 애써 태연한 표정으로 대답했다. 그러자 남자가 안심이 된다는

말투로 대답했다.

"소송을 맡아 주셔서 감사합니다."

"흥미로운 재판이 될 것 같아서 저도 기대가 됩니다. 그런데 독립 협회 문제로 소송을 걸었다면 그 시대에 활동하셨던 분 아니십니까?"

"맞습니다."

남자의 대답에 이대로 변호사가 미심쩍은 표정으로 황금색 깃털 펜을 바라봤다.

"그때 조선 사람이 프랑스에 갈 수가 있었던가요?"

"조선 사람으로서는 내가 처음이었습니다."

남자가 자랑스러운 표정으로 얘기하자 이대로 변호사 머릿속에 한 인물이 떠올랐다.

"그럼 당신이……."

눈이 휘둥그레진 이대로 변호사가 말을 잇지 못하자 남자가 씩 웃었다.

"맞습니다. 내가 김옥균을 암살한 홍종우입니다. 그럼 재판 준비 잘 하시고 법정에서 뵙도록 하겠습니다."

인사를 마치자마자 홍종우가 사무실을 빠져나갔다. 얼떨떨한 표정으로 홍종우의 뒷모습을 바라보던 이대로 변호사는 시계를 보고는 허둥지둥 일어났다.

"이런, 영혼 도서관이 문을 닫을 시간이네. 얼른 가서 자료를 찾아 봐야지."

위협받는 조선의 자주권

1896년 고종의 아관 파천 이후, 러시아와 일본을 비롯한 제국주의 열강들은 본격적으로 조선에서 이익을 챙겨 가기 시작했습니다. 두만강과 압록강 근처에서 나무를 베어 갈 수 있는 삼림 채벌권이 1896년 러시아에게 넘어간 것은 물론, 함경도의 광산에서 지하자원을 캘 수 있는 권리와 금을 캐어 갈 수 있는 권리가 러시아와 미국에게 각각 넘어갔습니다. 이렇게 조선의 이권을 빼앗긴 것을 두고 제국주의 열강은 조선의 자원을 개발하고 산업을 발전시키기 위한 것이라고 했지만, 사실 조선이 얻은 이익보다 열강들이 가져가는 이익이 훨씬 더 많았지요.

이렇게 삼림 채벌권, 광산 채굴권, 도로 부설권, 전등과 전화 부설권 등을 제국주의 열강에게 넘겨주면서 조선은 스스로 발전할 기회를 잃고 열강에게 의존하는 처지가 되고 말았습니다. 또한 열강들은 조선에서 어떻게든 이익을 챙겨 가려고 했고, 조선 정부는 백성들의 억울한 피해에는 관심조차 없었지요. 조선 안에서 열강들의 간섭이 심해지자 이들의 간섭에서 벗어나려는 조선 백성들의 열망은 상대적으로 커져 가게 됩니다. 외세의 간섭에서 벗어나 자주독립을 지켜야 한다는 의식이 널리 퍼지기 시작한 것이지요.

한편 갑신정변 실패 후, 일본과 미국을 오가며 망명 생활을 해 오던 서재필은 다시 조선에 들어오게 됩니다. 그리고 정부의 지원을 받아 『독립신문』을 창간하게 되지요. 그뿐만 아니라 서재필을 비롯하여 개화파 지식인들은 국민들을 계몽하고 자주독립을 지키기 위하여 1896년 7월에 독립 협회를 조직하기에 이릅니다. 독립 협회는 독립문을 세워 독립 정신을 고취시키고, 만민 공동회를 열어 민주적인 정치 참여를 시도하였지요. 신분에 관계없이 다양한 사람이 서로 의견을 나누는 만민 공동회에서는 외국 세력에 의존하는 정치에 대한 비판의 소리가 나오게 됩니다. 이렇게 정부를 비판하는 목소리가 높아지자 정부에서는 독립 협회와 만민 공동회를 탄압하기 시작하고, 결국 해산시켜 버립니다.

원고	홍종우	대리인	이대로 변호사
피고	윤치호	대리인	김딴지 변호사

청구 내용

　　1896년 7월 세워진 독립 협회는 영은문을 허물고 그 자리에 독립문을 세우고, 『독립신문』을 발간해서 민족의식을 고취시켰다고 주장합니다. 또한 만민 공동회를 개최해서 외국에 이권을 넘기려는 무능한 정부를 비판하고 외국의 침략에 맞서 싸웠다고 얘기하고 있습니다. 하지만 이들의 주장은 사실과 다른 부분들이 있습니다. 독립 협회는 정부가 외국에 광산 개발권(지하자원이 나는 광산을 개발할 수 있는 권한으로, 광산에서 나온 자원을 가져갈 수 있는 권한까지 포함함)이나 철도 부설권(다리, 철도, 지뢰 따위를 설치하는 것을 '부설'이라고 하므로, 철도를 설치할 수 있는 권한을 말함) 같은 이권을 넘겨주는 것을 반대했다고 하지만 실상은 일본의 경인철도 부설권 요구에 대해서는 환영하고 미국의 운산 금광 채굴권에 대해서는 침묵을 지키는 등 이중적인 태도를 보였습니다.

　　더군다나 의병을 토벌하기 위해 일본군이 출병한 것을 환영하는 모습을 보였습니다. 독립 협회를 구성한 이들은 하나같이 자신들이 애국심으로 떨쳐 일어났다고 하지만 실상은 임금과 대신들에게 자신들의 뜻대로 국정을 운영하라고 협박을 서슴지 않았습니다.

　　또한 갑신정변을 일으켰으나 뜻대로 되지 않자 외국으로 몸을 피했다가 용서를 받고 귀국한 뒤에 또다시 역모를 꾸민 박영효를 관리로 천거하는 등 오만방자한 행동을 일삼았습니다.

하지만 후손들은 이들의 일방적인 주장만을 받아들인 채 독립 협회의 문제점에 대해서는 전혀 모르고 있는 것 같습니다. 또한 독립 협회가 해산된 것을 임금과 대신들의 잘못이며, 이들 해산에 동원된 황국 협회 소속의 보부상들을 매국노라고 비판하고 있습니다.

이에 저 홍종우는 후손들이 독립 협회에 대해 잘못 알고 있는 것들을 바로잡고자 본 소송을 제기했습니다. 부디 현명한 판단을 내려 주시기를 간절히 바랍니다.

입증 자료

- 중학교 역사 교과서
- 고등학교 한국사 교과서
  그 외 자료 추후 제출하겠음.

위 청구인 홍종우
역사공화국 한국사법정 귀중

왜 독립 협회가
생긴 것일까?

1. 자주독립 사상과 민권의식 고취
2. 개혁 정책을 펴기 위해 설립된 독립 협회
3. 나라를 지키기 위한 백성들의 뜻

1 자주독립 사상과
민권의식 고취

문이 열리고 방청객들이 입장하기 시작하자 법정은 금세 시끄러워졌다. 양쪽으로 나뉜 방청객들은 벌써 입씨름을 하기에 여념이 없었다. 법정을 지키던 경위들이 열심히 양쪽을 뜯어말리는 사이 판사가 입장했다. 두툼한 서류를 내려놓은 판사는 인상을 찌푸리며 앞에 앉은 서기에게 물었다.

"오늘은 또 왜 이리 시끄러운 건가?"

"독립 협회와 황국 협회에서 활동했던 영혼들인 것 같습니다."

"쯧쯧…… 이곳까지 와서도 아웅다웅이라니."

판사가 혀를 차면서 얘기하자 서기가 어깨를 으쓱하면서 대답했다.

"죽어서 저승으로 온다고 해도 인간의 본성 자체는 변하지 않으니까요. 그래서 역사 법정이 세워진 것 아니겠습니까?"

"하긴, 그럼 그 억울하다는 사연들을 들어 볼까?"

자리에 앉은 판사가 의사봉을 쥐고 힘껏 두드리고는 외쳤다.

황국 협회

1898년 독립 협회에 대항하기 위해 조선 정부가 보부상들을 규합해서 만든 단체로 독립 협회와 무력 충돌을 벌였지요.

판사 지금부터 원고 홍종우 대 피고 윤치호의 재판을 시작하겠습니다. 조용히 하지 않으면 법정 밖으로 쫓아내겠습니다. 조용히들 하세요!

판사의 말에 말다툼을 벌이던 방청객들이 얌전히 자리에 앉았다. 법정이 조용해지자 서류를 뒤적거리던 판사가 말했다.

판사 본 재판은 원고 홍종우가 제기한 것으로 조선 후기, 정확하게는 1896년에 설립된 조선 최초의 정치 단체인 독립 협회가 설립된 목적과 해산된 이유, 그리고 협회의 활동이 현재 우리가 알고 있는 것과 다르다고 주장하고 있습니다. 역사공화국에서는 원고 홍종우의 주장이 어느 정도 일리가 있다고 판단해서 재판을 열기로 결정했습니다. 오늘 이 자리에 모인 방청객들은 물론이고 우리의 후손들도 독립 협회가 구체적으로 어떤 일을 했는지에 대해서는 잘 모르고 있는 실정입니다. 본 재판을 통해 이런 부족한 부분들을 채웠으면 하는 바람입니다. 먼저 양측 변호사의 발언부터 들어 보도록 하겠습니다. 원고 측 변호사부터 발언하시기 바랍니다.

이대로 변호사 존경하는 판사님, 그리고 방청객 여러분! 모두 교과

만민 공동회

1898년에 독립 협회 주최로 지금의 서울 종로 네거리에서 열린 민중 대회로, 『대한계년사』에는 관리들도 함께 참석한다는 의미로 관민 공동회라고 기록되어 있습니다.

서에서 배워 독립 협회에 대해서는 어느 정도 알고 계실 겁니다. 하지만 독립 협회가 『독립신문』을 만들고 만민 공동회를 개최했다는 정도만 알 뿐 정확한 활동상에 대해서는 잘 모르고 있는 것 같습니다. 때로 역사는 보이는 것이 전부가 아닐 때가 종종 있곤 합니다. 본 변호인은 이번 재판 기간 동안 우리가 알지 못했던 독립 협회의 참모습을 보여 드리겠습니다. 독립 협회가 어떤 목적을 가지고 설립되었으며, 무엇을 지향했는지에 대해서 이야기할 것이고, 더불어 독립 협회가 해체된 진짜 원인은 무엇인지 자세하게 알려 드리겠습니다. 그리고 말끝마다 백성을 위한다고 했던 독립 협회의 위선적인 모습에 대해서도 명백하게 밝혀내겠습니다.

이대로 변호사의 발언에 방청객들의 반응은 정확하게 절반으로 나뉘었다. 한쪽은 박수를 치고 휘파람을 불어 댔고, 다른 한쪽은 삿대질을 하면서 마구 화를 냈다. 이번에도 판사가 나서서 진정시켜야만 했다.

판사 자자, 조용히 해 주세요. 양측 다 가급적이면 자극적인 발언을 자제해 주시기 바랍니다. 이번에는 피고 측 변호인이 발언해 주시기 바랍니다.

김딴지 변호사 네, 알겠습니다. 독립 협회에 대한 터무니없는 중상모략은 정말 끝이 없군요. 원고 측 변호인의 말대로 눈에 보이는 것

이 역사의 전부가 아니라는 것은 맞습니다. 어떤 얘기를 한다고 해도 독립 협회가 이뤄 놓은 업적이나 성과에 흠집이 나진 않습니다. ▶독립 협회는 조선 최초의 정치 단체로 이전까지 지배당하기만 했던 백성들이 처음으로 정치에 대한 발언권을 가지게 된 기념비적인 성과를 이룩했습니다. 더불어 중화사상의 상징이었던 영은문을 허물고 그 자리에 독립문을 세우는 등 조선이 엄연한 자주독립 국가라는 점을 세계에 알리려 노력했습니다.

판사   독립문이 영은문 자리에 세워진 거라고요. 그렇군요.

김딴지 변호사   하지만 독립 협회의 이런 활동을 눈엣가시처럼 여기는 세력들이 있었습니다. 조선을 노리던 열강과 자신들의 권력이 도전받는다고 믿은 고종을 비롯한 대신들이었죠. 결국 독립 협회는 이들에 의해 강제로 해산되고 말았고, 조선 최초의 민중 운동은 막을 내리고 말았습니다. 더불어 조선 역시 얼마 후에 일본에게 국권을 잃었습니다.

판사   안타까운 일이군요.

김딴지 변호사   역사가 말해 주는 것은 단순하면서도 명백합니다. 독립 협회는 조선의 독립을 위해 탄생되었고, 백성들의 자발적인 협조와 참여로 근대 국가로 전환할 수 있는 발판을 마련했던 것입니다. 그런데 조선을 노리는 열강들과 그들과 결탁한 지배층이 독립 협회를 해산시킴으로써 그 기회를 날려 버린 것이죠. 그로부터 13년 후인

왜 독립 협회는 해산되었을까?

1910년 조선은 일본의 식민지가 되고
맙니다. 더 이상 무슨 말이 필요하겠습
니까?

독립 협회는 모금을 통해 청의 사신을 맞던 영은문 터
에 독립문을 건립하였습니다.

　김딴지 변호사가 힘주어 말하자 방청
객들 중 일부가 "옳소!" 하며 요란한 박
수를 보냈다. 판사는 그들을 쳐다보며
엄중하게 말했다.

판사　　조용히 해 주시기 바랍니다. 그럼 증인들을 불러서 당시 상
황을 들어 보도록 하겠습니다. 먼저 피고 측 증인을 소환해서 독립
협회의 창립 목적과 활동에 대해서 알아보도록 하겠습니다. 피고 측
첫 번째 증인은 누구입니까?

김딴지 변호사　　『독립신문』을 펴낸 서재필 선생입니다.

판사　　증인 서재필은 나와 증인 선서를 해 주시기 바랍니다.

　판사의 말이 끝나기가 무섭게 법정 문이 열리고 나이 지긋한 신사
한 명이 걸어 들어왔다. 서재필에 대한 궁금증으로 재판정의 모든
시선이 그에게로 쏠렸다. 그런데도 서재필은 조금도 당황하지 않고
의연하게 증인석에 섰다.

서재필　　선서! 나는 오직 진실만을 말할 것을 엄숙하게 선서합니다.

판사   피고 측 변호사는 신문을 시작해 주세요.

김딴지 변호사   이렇게 나와 주셔서 감사합니다. 간단한 본인 소개를 부탁드리겠습니다.

서재필   나는 1864년 전남 보성에서 태어났습니다. 어릴 때 한성으로 올라와서 공부하다가 1882년 과거에 합격해서 관직 생활을 시작했지요. 그러다 개화파 선비인 김옥균, 홍영식 등과 함께 어울리면서 조선도 하루빨리 개화를 해야 한다는 생각을 하게 되었습니다. 1883년에 김옥균의 권유로 일본의 도야마 육군 유년 학교에 입학해서 군사 훈련을 받고 그다음 해에 귀국했습니다. 그리고 1884년 12월에 벌어진 **갑신정변**에 가담했다가 실패하고 일본으로 건너갔습니다. 일본에서 다시 미국으로 가서 어렵게 공부한 끝에 고등학교를 졸업하고 의과대학에 들어가서 의사가 되었죠. 미국에서 생활하다가 조선으로 돌아간 박영효의 부탁을 받고 귀국했습니다. 고국에 돌아온 후에 나는 『독립신문』을 창간하고 독립 협회를 세워서 조선의 독립을 위해 힘썼습니다. 그러다 정부의 미움을 받아서 결국 1898년에 미국으로 다시 돌아가고 말았지요. 조선이 일본에 강제로 합병되고 난 후에는 미국에서 **독립운동**을 하였습니다.

김딴지 변호사   증인은 조선의 격변기라 할 수 있는 시대를 직접 겪으셨습니다. 그 격변기에 나라를

『독립신문』을 창간하고 독립 협회를 세운 서재필

위해 많은 활동을 하셨습니다만 이번 재판에서는 주로 독립 협회와 관련된 질문을 드리도록 하겠습니다. 증인은 미국에서 이미 자리를 잡은 상태였음에도 다시 조선으로 돌아오셨습니다. 왜 그런 결심을 하게 되신 겁니까?

서재필　▶1884년 김옥균을 중심으로 한 급진 개화파의 갑신정변이 실패로 돌아간 후 부모와 형, 아내는 자살했고, 동생은 처형당했습니다. 두 살배기 아들은 강보에 싸인 채 굶어 죽고 말았죠. 미국에서 힘들게 살 때 조선은 나에게 증오의 대상일 뿐이었습니다. 그래서 미국으로 건너갔을 때 나를 도와준 홀랜백이라는 미국인이 나에게 조선으로 돌아가서 포교 활동을 하라고 권유했지만 거절했습니다. 그러다가 갑오경장 이후 조선으로 돌아간 박영효의 설득으로 마음을 바꿨습니다. 조선의 운명이 바람 앞의 등불처럼 위태로운데 누구 하나 나서는 사람이 없다고 말입니다. 그래서 다시 조선으로 돌아와 칼 대신 펜으로 자주독립을 지키기로 결심했던 겁니다. 무엇보다 우리 민족에게 필요한 것은 백성들이 우리나라의 상황을 바로 알아야 한다는 생각이었습니다. 그래서 제일 먼저 누구나 읽을 수 있는 신문을 발행한 것입니다.

김딴지 변호사　개인적으로 큰 아픔을 겪었음에도 조선을 사랑하는 마음으로 돌아오셨군요. 증인은 조선 정부에서 중추원 고문관이라는 관직을 받고 외교 고문으로서 활동하게 됩니다. 그리고 『독립신문』은 1896년 4월 7일 창간했고 독립 협회는 같은 해 7월 2일 설립되었습니다. 다른

교과서에는

▶ 민씨 세력의 개화 정책은 소극적인 것으로 급진적인 개화파의 성에 차지 않았습니다. 그래서 김옥균, 박영효, 서광범, 홍영식 등 개화파 인사들이 정변을 일으키는데, 이것이 바로 '갑신정변'입니다.

활동에 앞서 신문을 발간한 이유가 무엇입니까?

서재필   ▶『독립신문』을 발간한 목적은 임금과 사대부들이 독점하던 정치를 백성들에게 돌려주기 위해서였습니다. 그때까지 조선의 백성들은 그저 정부에서 시키는 대로 하는 존재에 불과했습니다. 조선이 진정 자주 국가로 거듭나려면 우선적으로 백성들이 눈을 떠야만 한다고 생각했습니다. 그래서 백성들을 가르치기 위해 신문을 만들기로 결심한 것이지요.

교과서에는

▶『독립신문』의 창간사를 보면 "우리는 바른 대로만 신문을 할 터인고로, 정부 관원이라도 잘못하는 이 있으면 우리가 말할 터"라고 하였습니다.

김딴지 변호사　　그러니까 수동적으로 끌려가기만 하던 조선의 백성들에게 정치와 국가라는 개념을 심어 주기 위해 『독립신문』을 창간하신 거로군요.

서재필　　그렇습니다. 미국만 해도 국민들이 직접 투표를 해서 대통령을 뽑습니다. 영국과 프랑스도 국민들이 의원을 선출하죠. 조선이 열강들의 간섭에서 벗어나기 위해서 우선 해야 할 것은 강력한 군대나 엄격한 법 조항이 아니었습니다. 백성들이 나라를 제 몸처럼 아끼고 관심을 기울여야만 합니다. 그러기 위해서는 그동안 이어져 온 잘못된 관행과 차별을 없애야만 했고, 무엇보다 백성들의 의식을 깨쳐야 했습니다.

김딴지 변호사　　많은 사람이 읽도록 하기 위해 한문 대신 한글로 신문을 발행했다는 것은 알겠는데, 나중에는 영어로도 발행하셨더군요. 특별한 이유라도 있나요?

서재필　　네, 한문은 양반들만의 언어였기 때문에 배제한 것입니다. 되도록 많은 사람이 읽어야 하니까요. 그래서 모든 백성이 다 알거나 쉽게 배울 수 있는 한글로 신문을 발간했는데 그 당시 주시경 선생이 고생이 많았지요. 후에 영문판으로 낸 것은 조선의 사정을 잘 모르는 외국인들에게 알리기 위해 발간한 것입니다.

김딴지 변호사　　그렇군요. 외국에 우리의 상황을 제대로 알리기 위한 목적이었군요. 아무튼 『독립신문』은 발간 자체도 의의가 있지만 한글을 사용해서 백성들에게 널리 읽히게 했다는 점도 주목받아야 할 점이라고 봅니다. 즉, 한글 신문의 발간을 통해 일반 백성들의 참여를 확대하고, 한글이 자리를 잡게 된 계기를 만들었던 것이지요. 증인은 독립 협회에도 참여해 상당히 많은 활동을 한 것으로 아는데요? 독립 협회는 어떻게 구성된 것인가요.

서재필 　 뜻을 모으고 일관된 행동으로 힘을 가지려면 단체가 필요하다고 판단하여 ▶1896년 7월 이상재, 피고 윤치호 등과 함께 독립 협회를 만든 것이지요. ▶▶우리가 독립 협회를 만들고 가장 먼저 한 일은 청나라 사신들을 맞이하던 영은문을 허물고 그 자리에 독립문을 세운 것입니다. 1896년 9월에 모금한 돈으로 독립문 건립을 시작해서 1년 만인 1897년 11월에 완성했지요. 독립문은 조선이 어느 나라에도 속박 받지 않는 국가임을 알려 주는 상징이었지요.

김딴지 변호사 　 그러니까 『독립신문』과 독립 협회는 조선이 진정한 자주독립 국가로 거듭나도록 도왔다는 말씀이시군요.

서재필 　 그렇습니다. 당시 조선의 사정은 아주 암담했죠. 열강들은 이권을 빼앗기 위해 혈안이 되었고, 임금을 비롯한 대신들은 권력 다툼에만 열중했어요. 세상은 하루가 다르게 변하고 발전하는데 조선만 그대로, 아니 뒷걸음질을 치는 중이었지요.

김딴지 변호사 　 하지만 증인의 이런 활동은 러시아를 비롯한 열강의 눈 밖에 나게 되는 결과를 가져왔죠. 맞습니까?

서재필 　 그렇습니다. ▶▶▶독립 협회와 『독립신문』은 정부

독립문은 단지 청나라로부터의 독립을 의미하는 것이 아니라 일본으로부터, 러시아로부터, 그리고 유럽 열강으로부터의 독립을 의미하는 것이다.

가 외국에 이권을 넘겨주는 문제를 강력하게 성토했으니까요. 특히 고종이 러시아 공사관으로 거처를 옮긴 아관 파천(俄館播遷)을 계기로 야심을 드러낸 러시아가 나를 아주 싫어했습니다. 그리고 고종을 비롯한 지배층의 입장에서도 백성들이 정치에 눈을 뜨는 것을 달갑지 않아 했습니다.

김딴지 변호사 이런저런 압력을 받은 증인은 결국 1898년 5월에 조선을 떠나고 말았습니다. 그때 심정은 어떠셨습니까?

서재필 러시아야 그렇다 치더라도 조선 정부가 앞장서서 나를 쫓

열강의 이권 침탈

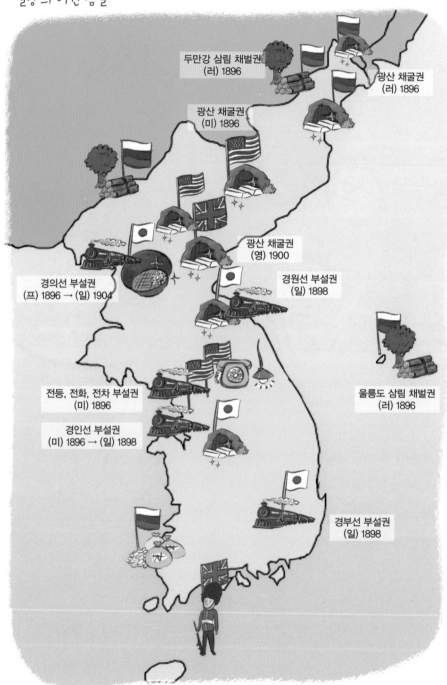

아냈다는 사실에 참담했습니다.

고개를 떨구며 서재필이 눈물을 보이자 방청객들도 하나둘 손수
건을 꺼내들었다.

김딴지 변호사   말씀 잘 들었습니다. 증인은 개인적인 아픔을 딛고
조선으로 돌아와서 『독립신문』을 발간하고 독립 협회를 설립하여
흔들리던 조선을 바로 세우기 위해 노력했습니다. 하지만 외세의 압
력과 증인의 활동을 달갑게 여기지 않은 지배층에 의해 증인은 결국
미국으로 쫓겨나고 말았습니다. ▶독립 협회 역시 백성들이 눈을 뜨
고 주인의식을 가지는 것에 대한 지배층의 불만과 반발이 해체의 가
장 큰 원인이 된 것입니다. 이것으로 피고 측 증인 신문을 마치겠습
니다.

판사   수고했습니다. 원고 측 변호인은 반대 신문을 하시겠습니까?

이대로 변호사   물론입니다. 증인이 조선을 위해 많은 일을 했다는
점은 저와 제 의뢰인 역시 인정합니다. 하지만 몇 가지 짚고 넘어가
야 할 점이 있어서 증인에게 묻겠습니다. 『독립신문』은 정부에서 보
조를 해 주었나요? 아니면 자비로 운영된 것인가요?

서재필   몇몇 모금을 하기도 하고 정부의 보조도 조금 받
았습니다.

이대로 변호사   그렇군요. 정부의 후원을 받으면서 정부에
대한 비판을 했으니……. 증인은 조선으로 돌아와서 서재

교과서에는

▶ 정부는 개혁을 주장하는
독립 협회를 결국 해산시키
게 되었으며, 외세의 침략도
효과적으로 막아 내지 못했
습니다.

필이라는 이름 대신 필립 제이슨이라는 미국인으로 활동했습니다. 맞습니까?

서재필　맞습니다. 하지만 내가 필립 제이슨이라는 미국인 이름으로 활동한 것은 러시아의 간섭으로부터 벗어나기 위한 방편이었습니다.

이대로 변호사　더불어 러시아와 정부의 탄압으로 조선에서 추방당했다고 주장했습니다만 조선 정부에서는 증인을 해고했을 뿐 미국으로 추방한 적은 없는 걸로 알고 있습니다. 독립 협회에서도 증인에게 편지를 보내서 미국으로 돌아가지 말 것을 요청했지만 거절하셨지요.

서재필　조선 정부나 러시아 모두 내가 조선에 머물러 있는 것을 싫어했습니다. 또한 공직에서 물러난 다음에는 안전을 보장받을 수 없었기 때문에 미국으로 돌아가기로 결심한 것입니다.

　　서재필의 답변을 들은 이대로 변호사가 빙그레 미소를 지었다.

이대로 변호사　말씀 잘 들었습니다. 이상으로 반대 신문을 마치겠습니다.

판사　증인은 그만 돌아가셔도 좋습니다.

개혁 정책을 펴기 위해
설립된 독립 협회

판사   그럼 이번에는 원고 측 변론을 들어 보겠습니다. 이대로 변호사가 하시겠습니까?

이대로 변호사   저희도 증인을 소환하겠습니다.

판사   증인은 어떤 인물입니까?

이대로 변호사   독립 협회 일도 하였고, 김홍집 내각에서 관리를 지낸 안경수입니다.

판사   좋습니다. 증인은 나와서 선서를 해 주시기 바랍니다.

안경수   나 안경수는 이 자리에서 오직 진실만을 말할 것을 굳게 맹세합니다.

판사   원고 측은 증인 신문을 시작해 주세요.

이대로 변호사   이렇게 나와 주셔서 감사합니다. 간단한 본인 소개

동학 농민 운동
조선 고종 때 전라도 고부에서
동학 접주 전봉준 등을 지도자로
하여 동학 교도와 농민들이 합세
하여 일으킨 농민 운동입니다.

을미사변
1895년 청일 전쟁에서 승리한
일본은 조선에서 세력을 확대하
려고 합니다. 하지만 러시아와 손
잡은 고종과 명성 황후가 이에
저항하자 1895년 10월 8일 일
본 공사 미우라 고로의 사주를
받은 일본 자객들이 궁궐에 침입
해서 명성 황후를 시해한 사건입
니다.

춘생문 사건
을미사변 이후 친일 정권이 들
어서자 이에 반발한 세력들이
고종을 미국 공사관으로 피신시
키려 했다가 실패로 돌아간 사
건입니다.

정동구락부
구한말 개혁파 관료들이 주축이
돼서 설립한 사교 모임으로, 후에
독립 협회의 모태가 됩니다.

교과서에는

▶ 초기의 독립 협회는 정부
의 고관들도 회원으로 가입
하였습니다. 점차 민간인들
이 이끌어 가는 형태로 변
하게 되지요.

부터 부탁드리겠습니다.

안경수 　독립 협회의 초대 회장을 지낸 안경수라고 합니
다. 일본에 유학하면서 개화사상에 눈을 떴고, 귀국 후에
는 전환국 방판으로 근대적인 화폐 제도의 도입을 위해 일
했습니다. 1894년 동학 농민 운동을 핑계로 청군이 내정
에 간섭하는 걸 반대했습니다. 그 후 을미사변(乙未事變)을
겪으면서 군부대신에서 해임되었습니다. 이후 임금을 미
국 대사관으로 피신시키려던 춘생문 사건에 가담하는 등
외세에 맞서 조선을 지키려고 했습니다. 그러다 주변의 추
대를 받아 1896년 7월 독립 협회 초대 회장을 맡게 되었
습니다.

이대로 변호사 　앞서 나온 서재필 증인은 독립 협회가 세
워진 목적이 백성들을 계몽하고, 조선이 독립국임을 알리
기 위해서라고 했습니다. 사실인가요?

안경수 　큰 맥락에서는 맞습니다. 그리고 많이들 오해를
하는데, ▶초기의 독립 협회는 전 · 현직 관리들이 주축이
되었습니다.

이대로 변호사 　정동구락부라고 부르는 집단이 주축이 되
었다고 알고 있습니다만…….

안경수 　나도 정동구락부의 일원이었으니까 그렇다고
볼 수도 있겠습니다. 독립 협회를 설립하는 데 핵심적인
역할을 한 것은 후일 친일파로 이름을 날린 이완용을 비롯

해서 민영환, 박정양, 이윤용, 이채연, 현흥택, 이범진 같은 정동구락부 관료들입니다.

정쟁
정치에서의 싸움이나 정계의 투쟁을 가리키는 말입니다.

이대로 변호사　　그런데 왜 정동구락부라는 이름이 붙여진 겁니까?

안경수　　정동에 있는 손탁 호텔에서 자주 만나서 그런 이름이 붙여진 걸로 알고 있습니다. 한마디로 개혁적인 성향을 지닌 관리들의 모임이라고 보시면 될 겁니다.

이대로 변호사　　정동구락부가 독립 협회를 설립한 진짜 목적은 무엇이었습니까?

안경수　　일단 당시 상황이 매우 어지러웠다는 점을 말씀드리고 싶군요. 왕후가 궁궐에서 처참하게 살해당하고, 임금은 궁궐을 버리고 다른 나라 공사관으로 피난을 떠나야만 했던 상황이었습니다. 외국에서 그런 조선을 어떻게 생각했겠습니까? 조선이 살 길은 개혁뿐이었습니다. 그런데 대신들은 친청파, 친러파, 친일파로 나눠져서 외세를 등에 업고 정쟁만을 일삼았습니다. 그래서 정동구락부를 중심으로 한 개화파 관리들이 일관성 있는 개혁을 위해 협회를 세우기로 한 것입니다.

이대로 변호사　　그러니까 정부의 개혁을 계속 진행하기 위해 조직되었다 이 말씀이시군요.

안경수　　그렇습니다.

이대로 변호사　　지금 우리가 알고 있는 독립 협회와 많이 다르다는 생각이 드는데요.

성토
여러 사람이 모여 국가나 사회에
끼친 잘못을 소리 높여 따지는
것을 말합니다.

안경수　적어도 내가 회장으로 있었던 1898년 2월까지는 만민 공동회 같은 건 생각지도 않았습니다. 물론 조선을 어떻게 하면 발전시킬 것인가에 대한 토론회를 개최하긴 했지만, 그 당시 토론 주제는 위생 문제나 화폐의 도입 같은 것이었죠. 그러다 과격한 사람들이 늘어나면서 협회의 성격이 변해 버렸습니다.

이대로 변호사　어떻게 말인가요?

안경수　정부를 성토하고 대신들을 비난하는 쪽으로 흘러갔습니다. 애초에 우리가 원하던 상황도 아니었고, 옳은 방향도 아니었습니다. 그러니 결국 최악의 상황을 맞이하게 된 거죠.

이대로 변호사　그러니까 독립 협회가 설립된 목적은 지속적인 개혁을 위해서였는데 중간에 생각이 다른 사람들이 들어오면서 정부와 협회의 갈등이 시작되었군요.

안경수　맞습니다. 사실 독립문을 세울 때도 그렇고, 『독립신문』역시 정부의 지원을 받았습니다. 그런데 그렇게 세운 협회와 신문으로 정부를 공격한다는 게 말이 되는 얘깁니까?

이대로 변호사　독립 협회가 해산된 원인도 그러면 내부의 과격파 때문이라는 말씀이신가요.

안경수　그렇습니다. 아무것도 모르는 백성들을 선동해서 나라 일에 시시콜콜 간섭을 하니 제대로 돌아갈 리가 있겠습니까?

안경수가 격앙된 목소리로 말하자 방청객 중 일부가 "옳소!"라며 목소리를 높였다. 이내 판사가 엄중하게 주의를 주었다. 법정 안이 다시 잠잠해지자 이대로 변호사가 말했다.

이대로 변호사　독립 협회의 초대 회장을 지낸 증인이 앞선 증인과 상반된 증언을 했습니다. 독립 협회는 애초에 정동구락부 출신의 관리들이 개혁 정책의 지속적인 추진을 위해 설립한 일종의 '클럽'이었습니다. 초기 토론회 역시 정치적인 성향을 띠지 않았습니다. 즉 정부의 정책을 비판할 목적으로 설립된 것이 아니었는데 과격한 성향을 가진 사람들이 합류하면서 협회의 성격이 변질되었던 것입니다. 그것이 결국 독립 협회 해산의 주원인이 되었습니다. 물론 피고와 피고 측 증인 입장에서는 탄압을 받은 것이라고 볼 수 있겠지만, 처음에는 정부와 협회가 아무 문제가 없다가 독립 협회의 활동이 변질되면서 갈등이 시작되었다는 것으로 보아 협회 쪽에 책임이 있었다는 것을 알 수 있습니다. 이상으로 증인 신문을 마치겠습니다.

판사　이어 피고 측 변호인, 반대 신문을 하시겠습니까?

김딴지 변호사　예, 저는 간단히 몇 가지 질문을 드리겠습니다. 우선 증인은 친러파를 비롯한 대신들이 큰 문제라고 하셨습니다만, 증인을 비롯한 정동구락부 역시 친미파라고 분류할 수 있지 않을까요?

안경수　미국과 가깝다는 점은 부인하지 않겠습니다. 하지만 다른 나라와는 달리 미국은 조선에 비교적 호의적이었고, 야심을 드러낸 적이 없습니다.

김딴지 변호사　1895년 11월 28일에 을미사변 이후 경복궁에 유폐

되어 있던 고종을 미국 대사관으로 피신시키려고 했던 춘생문 사건이라는 게 벌어졌습니다. 만약 그때 성공했다면 아관 파천이 아니라 미관 파천이 되었을 텐데요. 이 춘생문 사건에는 증인을 비롯해서 이범진, 이완용 같은 정동구락부 관료들이 깊숙이 관여했던 것으로 알려져 있습니다. 춘생문 사건 같은 정치적인 사건을 주도한 정동구락부가 순수하게 개혁을 지속시키기 위해서 협회를 설립했다는 얘기는 별로 믿기지 않습니다만…….

김딴지 변호사의 질문에 안경수가 머뭇거리자 이대로 변호사가 자리를 박차고 일어났다.

이대로 변호사   판사님, 피고 측 변호인이 증인을 모욕하는 것을 즉각 중단시켜 주시기 바랍니다.

판사   이의는 받아들이지 않겠습니다만 피고 측 변호인 역시 주의해 주시기 바랍니다. 양측 변호사 모두 재판에 직접적인 영향을 미치지 않는 신문은 자제할 것을 부탁드리는 바입니다. 그리고 증인은 변호인의 질문에 답변해 주시기 바랍니다.

안경수   지켜보는 입장에서는 정동구락부나 친러파나 다 같이 권력 다툼을 하는 것처럼 보일 수 있습니다만, 일단 정권을 잡아야지 개혁을 추진할 수 있지 않겠습니까?

김딴지 변호사   그러니까 증인을 비롯한 정동파 관리들은 아관 파천으로 장악한 정권을 유지하기 위해 만든 독립 협회가 자신들의 뜻과 다르게 운영되자 손을 뗀 것이로군요. 이것으로 반대 신문을 마치겠습니다.

판사 알겠습니다. 이제 그만 증인은 돌아가셔도 좋습니다.

3 나라를 지키기 위한
백성들의 뜻

판사 양측 증인들의 증언을 잘 들었습니다. 그 증언을 들으니 우리가 익히 알고 있는 독립 협회와는 조금 다른 의미도 있었던 것 같습니다. 이제 협회의 변화 과정과 의의에 대해 좀 더 변론을 들었으면 합니다. 어느 쪽에서 해 주시겠습니까?

김딴지 변호사 저희 쪽 증인을 한 사람 신청합니다. 민중 계몽을 위해 애썼고, 독립 협회 부회장을 맡았던 이상재 증인을 신청합니다.

판사 허락합니다. 그러면 피고 측 이상재 증인을 소환하도록 하겠습니다.

두루마기 차림을 한 인물이 법정 안으로 성큼성큼 들어왔다. 방청객들도 나지막하게 웅성거렸다. 증인에 대한 존경심을 표하느라 한두

방청객이 자리에서 일어나 꾸벅 인사를 하였다. 증인석에 선 인물이
우렁찬 목소리로 선서를 시작하자 일시에 모든 소란이 사그라졌다.

이상재   나는 본 법정에서 진실만을 말할 것을 약속합니다.
판사   피고 측 변호인은 신문을 시작해 주시기 바랍니다.
김딴지 변호사   나와 주셔서 감사합니다. 간단한 본인 소개를 부탁
드리겠습니다.
이상재   충남 서천에서 태어나 박정양의 문하생으로 있으면서 정
계에 입문했답니다. 신사 유람단으로 일본에 다녀온 뒤 우정국 주사

조차
특별한 합의에 따라 한 나라가 다른 나라 영토의 일부를 빌려 일정한 기간 동안 통치하는 일을 말하지요. 당시 러시아는 군함에 보급할 석탄 저장고를 설치하기 위해 절영도(지금의 부산 영도)를 빌려 줄 것을 정부에 요구했습니다.

한러은행
러시아가 대한 제국의 재정권을 장악하기 위해 한성에 설치하려고 했던 은행으로, 1898년 4월에 세운 것을 독립 협회의 항의로 그해 7월 폐쇄되었습니다.

침탈
침범하여 빼앗는 것을 말합니다.

로 임명되었지만 갑신정변에 휘말려 낙향했습니다. 그 후에 주미 공사로 임명된 박정양을 따라 미국에 갔다 왔지요. 정동구락부의 일원으로 독립 협회의 창립 회원이 되었고, 1898년 2월부터 회계 일을 맡았다가 그해 8월에 부회장직을 맡았습니다.

김딴지 변호사 1898년 2월이라면 앞서 나온 안경수 증인이 물러난 다음부터군요. 주로 어떤 활동을 하셨습니까?

이상재 여러 가지 일을 했지만 가장 큰 일은 정부가 외국에 이권을 함부로 넘겨주는 것을 반대하는 일이었습니다. 아관 파천 이후 러시아의 힘이 강력해지면서 간섭이 심해졌습니다. 임금과 대신들 역시 명확한 기준 없이 이권을 이리저리 넘겨주려고 했죠. 나라가 존재하려면 땅과 백성이 있어야 하고, 군대와 재정이 튼튼해야 합니다. 그런데 러시아에게 절영도 땅을 **조차**해 주고, **한러은행**을 세워서 나라의 금고를 맡기는 것도 모자라 군대의 조련까지 맡긴 상황이었습니다. 나라가 이렇게 위태로운데 누구 하나 나서서 말하는 이가 없어서 우리 독립 협회에서 나서기로 한 겁니다.

김딴지 변호사 어떤 방법으로 열강의 이권 **침탈**을 막았는지 구체적으로 말씀해 주시겠습니까?

이상재 ▶처음에는 협회에서 항의 서한을 보내고 총대위원을 뽑아서 직접 항의를 하는 방식을 취했습니다.

김딴지 변호사 처음부터 집회를 열었던 것은 아니었군요.

교과서에는

▶열강의 이권 침탈이 심각해지자 독립 협회는 이런 현실을 비판하면서 자주독립을 지켜야 한다는 '구국 운동 상소문'을 올리게 됩니다.

이상재   그렇습니다. 정중하게 편지를 보내서 항의하거나 선출된 총대위원을 보내서 항의하는 정도였죠. 그리고 『독립신문』의 논설을 통해 논박하던 게 전부였습니다. 하지만 정부가 우리의 주장을 무시하자 결국 1898년 3월 10일 종로에서 만민 공동회를 열어서 백성들의 뜻을 전달하고자 했습니다. 결국 ▶정부가 한러은행 설립을 무효화하고 러시아 고문들을 귀국시켰습니다. 그 후로도 정부가 외국에 이권을 넘겨주거나 잘못된 일이 있으면 바로잡으려고 노력했습니다. 당시 외국이 대한 제국을 얼마나 우습게 여겼는지 독일 영사가 금광 개발 문제로 외부협판 유기환을 구타하는 일이 벌어졌지만 사과 한마디 받지 못하는 지경이었습니다. 결국 협회가 나서서 항의를 하여 겨우 사과를 받아 낼 수 있었지요. 독립 협회는 이런 잘못된 일을 바로잡고자 노력했던 겁니다.

김딴지 변호사   백성들의 뜻을 모아서 정부의 잘못된 일을 바로잡고 열강의 침략을 막으려 한 것이군요.

이상재   맞습니다. 관리들이 제 역할을 못하면 백성들이라도 나서야 한다고 믿었습니다.

김딴지 변호사   아까 나온 증인은 독립 협회의 설립 목적이 정부의 개혁 정책을 지속하기 위해서였다고 했습니다. 이에 대해서 어떻게 생각하시나요?

이상재   처음에 모임을 주도한 게 전·현직 관리들이었다는 점은 사실입니다. 하지만 ▶▶협회는 그들만의 것이 아니라 참가한 모든 회원의 것입니다. 회원들의 뜻이 정해지

면 그에 따르는 것은 당연한 일이지요.

김딴지 변호사　　그런 일련의 활동들 때문에 열강을 비롯한 정부와 대립하게 되었는데요. 다른 방법은 없었을까요?

이상재　　나도 그 문제를 계속 고민해 봤지만 다른 방법이 없었습니다. 사실 외국 열강들이 이권을 노리고 얕잡아 보는 것은 정부 탓이 컸습니다. 허울 좋게 제국을 선포하고 황제의 자리에 오르면 뭘 합니까? 대신들은 이권을 팔아먹으며 자기 주머니를 채우는 데 혈안이 되어 있었으니까요.

김딴지 변호사   독립 협회는 당시 조선 사람들에게는 몹시 생소한 민권과 민족의식을 심어 주는 역할도 한 것으로 알고 있습니다.

이상재   그렇습니다. 1895년 고등재판소가 설립되면서 근대적인 재판이 도입되었습니다만 아직도 권력가들은 자신들의 입맛대로 판결을 내리는 경우가 많았습니다. 이에 독립 협회에서는 법 조항을 자세히 살펴서 잘못된 것을 고쳐 달라고 요구했습니다. 이런 일이 거듭되면서 백성들은 차츰 눈을 떴고, 목소리를 높이기 시작한 겁니다. 물론 정부 관료들은 사사건건 훼방을 하는 독립 협회가 좋게 보이진 않았겠지요.

김딴지 변호사   말씀 잘 들었습니다. 요즘으로 치면 독립 협회는 시민 단체나 야당의 역할을 했던 것입니다. 덕분에 정부와 열강의 미움을 받았고, 결국은 해체되는 아픔을 겪고 말았습니다. 이상으로 신문을 마치겠습니다.

판사   수고하셨습니다. 원고 측은 반대 신문을 하시겠습니까?

이대로 변호사   하지 않겠습니다.

판사   오늘은 이것으로 충분하게 논의되었다고 생각합니다. 다음 재판에서는 『독립신문』의 발간 목적과 성과에 대해서 좀 더 자세하게 알아보는 시간을 갖도록 하겠습니다. 양측 변호인들은 차질 없이 준비해 주시기 바랍니다. 그럼 첫째 날 재판을 마치도록 하겠습니다.

땅! 땅! 땅!

고종의 아관 파천

1895년 10월 8일 일본이 러시아와 가깝게 지내던 명성 황후를 시해하는 을미사변이 벌어집니다. 이후 김홍집을 위시한 친일파 내각이 들어서게 됩니다. 하지만 이들은 단발령 시행 등 급진적인 개혁 정책을 펼치게 되면서 백성들의 반발을 불러일으키게 됩니다. 을미사변 이후 생명의 위협을 느낀 고종은 지방에서 궐기한 의병들을 진압하기 위해 궁궐을 지키던 일본군의 숫자가 줄어든 틈을 타서 정동에 있는 러시아 공사관으로 탈출할 계획을 꾸밉니다. 1896년 2월 11일, 세자와 함께 궁궐을 탈출한 고종은 러시아 공사관으로 피신하게 되지요. 당시 러시아를 아라사(俄羅斯)라고 불렀기 때문에 이 사건을 아관 파천(俄館播遷)이라고 부릅니다. 이 사건을 계기로 을미사변 이후 수립된 친일 정권이 무너지고 김홍집 등이 백성들에게 피살됩니다. 이후 친미·친러파 인물들이 내각의 중심세력을 이루게 됩니다. 고종이 러시아 공사관에 머무르는 동안 러시아가 압록강과 울릉도의 목재 벌채권을 비롯해서 경원의 광산 채굴권 등을 차지합니다. 또한 러시아 사관이 초빙되어서 군대를 훈련시키고, 러시아 고문들이 내정에 간섭하는 등 러시아의 영향력이 커지게 되었습니다. 이에 백성들 사이에서 고종에게 속히 환궁하라는 여론이 빗발치게 됩니다. 1897년 2월 20일 고종은 러시아 공사관에서 나와 경운궁으로 환궁하면서 1년간의 러시아 공사관의 피난 생활이 끝나게 됩니다.

다알지 기자

안녕하십니까. 무엇이든 다 알고 싶어 하
는 다알지 기자입니다. 오늘도 양측의 격렬한
야유와 다툼 속에서 재판이 시작되었습니다. 이
소송은 김옥균을 암살한 것으로 유명한 홍종우가 독
립 협회의 이중성을 고발하겠다고 낸 것입니다. 외세에 휘둘리던 국가
를 바로잡고 무지한 국민들을 계몽하는 역할을 하던 독립 협회가 사
실은 일본에 의지하고 있었고, 백성들을 무시했다고 폭로한 것입니다.
이에 대해 피고 측 김딴지 변호사는 중상모략이라고 일축했습니다.

독립 협회의 창립 목적과 활동에 대한 증언을 위해 피고 측에서는
서재필, 이상재가 증인으로 출두했습니다. 서재필은 독립 협회의 창립
목적과『독립신문』을 발간한 이유에 대해서 증언했지요. 정동구락부
의 일원으로 독립 협회의 창립 회원이자 부회장직을 맡았던 이상재는
독립 협회는 회원들의 뜻에 따라 움직이는 것이므로 정부가 잘못한 일
이 있으면 비판하는 것이 당연하다고 진술했습니다. 반면 원고 측 증
인으로 나온 초대 독립 협회 회장 안경수는 독립 협회가 개화파 관리들
이 정부의 개혁 정책을 지지하기 위해서 만들어졌다고 했습니다. 그럼
이번 재판에 임하는 양측 변호사의 얘기를 들어 보도록 하겠습니다.

김딴지 변호사

　　당시 조선은 열강들의 간섭으로 정부가 자주
적으로 활동할 수 없었고, 백성의 의식이 전혀 깨
지 못한 상황이었습니다. 이에 대한 심각성을 느낀 독립
협회는 백성들 계몽 활동을 전개하는 한편 정부의 일에 항의를 했습니
다. 이를 경계하는 고종에 의해 활동에 제약을 받고, 마침내 강제 해산
을 당하게 되었습니다. 이는 대한 제국이 자주독립 국가로 갈 수 있는
길을 봉쇄한 것입니다. 저는 이번 재판은 말도 안 되는 것이라고 생각
합니다만, 일단 시작된 만큼 조금의 의혹도 남지 않도록 확실히 밝히
겠습니다. 더불어 저는 조선을 통치하던 권력자들이 당시의 일에 대해
서 제 의뢰인뿐만 아니라 고통과 좌절을 느꼈던 독립 협회 회원들에게
진심 어린 사과를 해야 한다고 믿습니다.

이대로 변호사

　독립 협회는 을미사변과 아관 파천으로 피
폐해진 조정을 개혁하기 위해 세워졌습니다. 당
시 대한 제국은 여러모로 위태로운 상황이었고, 외세
의 간섭에서 벗어나기 위해서는 개혁이 필수적이었습니다. 하지만 일
부 젊은 과격한 사람들이 개입하면서 독립 협회는 본래의 취지와 다
르게 변질되었습니다. 당시 대한 제국을 개혁해 부강한 나라를 만들어
자주 국가가 되기 위해서는 사회 간접시설의 확충이나 화폐의 도입 같
은 일들이 우선되어야 했습니다. 하지만 급진파들은 관료들의 부패라
든지 개혁 과정에서 벌어지는 혼란을 과장해서 백성들을 선동함으로
써 정부의 개혁을 방해하고 말았습니다. 오로지 자신들만이 옳다는 아
집과 편견이 우리 민족에게 큰 고통을 안겨 준 것입니다. 저는 역사 속
에서 한쪽으로만 보여 주었던 사실의 뒷면을 파헤쳐 볼 생각입니다.

『독립신문』은
어떤 역할을 했을까?

교과연계

역사
VIII. 주권 수호 운동의 전개
  1. 독립 협회와 대한 제국
    2) 독립 협회의 지도층이 만들고자 한 사회는?
      〈만민 공동회〉

1 비판과 견제의 『독립신문』

판사   두 번째 날 재판을 시작하겠습니다. 다들 자리에 앉아 주시고 조용히 해 주시기 바랍니다.

법정이 조용해진 것을 확인한 판사가 의사봉을 두드리며 둘째 날 재판의 시작을 알렸다.

판사   오늘 재판은 독립 협회에서 발간한 최초의 한글 신문인『독립신문』에 관해서 얘기해 보도록 하겠습니다. 지난 번 시간에 『독립신문』을 만든 서재필 증인의 증언을 간략하게 들었습니다만, 독립 협회의 활동 중 민중 계몽에 가장 중요한 대목인 것 같아 이 시간에 좀 더 구체적으로 알아보겠습니다. 『독립신문』에 관한 전반적인 내용을 살피기 위해 피고 측 증인을 먼저 부르도록 하겠습니다. 증인은 나오시지요.

경위가 법정의 문을 열자 검은색 두루마기를 걸친 채 책 보따리를 품에 안은 인물이 두리번거리며 안으로 들어섰다. 주위를 둘러본 증인이 머뭇거리자 판사가 이내 재촉했다.

판사   증인은 앞으로 나와서 선서를 해 주시기 바랍니다.

주시경   나 주시경은 오늘 이 자리에서 진실만을 말할 것을 선서합니다.

판사   그럼 피고 측 변호인은 신문을 시작해 주세요.

김딴지 변호사   바쁘실 텐데 나와 주셔서 감사합니다. 간단히 본인 소개를 부탁드리겠습니다.

주시경   간단히 말씀드리지요. 나는 ▶한글 전도사 주시경이라고 합니다.

김딴지 변호사   듣던 대로 호탕하신 성격이시군요. 증인이 한글과 관련된 연구를 많이 하신 것은 잘 알려져 있지만 『독립신문』 발간에도 참여하신 줄은 몰랐습니다.

주시경   배재 학당을 졸업하던 해에 『독립신문』이 창간된다고 해서 취직했던 게 인연이 되었지요.

김딴지 변호사   거기에서는 주로 어떤 일을 맡아 보셨습니까?

교과서에는

▶ 주시경의 제자인 이희승, 최현배 등이 중심이 된 조선어 학회는 한글 보급을 위해 노력하였습니다. 또한 한글 맞춤법 통일안과 표준어를 제정하였지요.

교정
남의 문장 또는 출판물의 잘못
된 글자나 글귀 따위를 바르게
고치는 것을 말합니다.

주시경   한글 교정과 회계 일을 맡았습니다. 당시에 나도 한글을 잘 모르는 부분이 많아서 동료들과 함께 밤새워 토론을 벌이곤 했습니다.

김딴지 변호사   사실 『독립신문』은 최초의 신문은 아니었습니다. 하지만 『독립신문』이 창간된 4월 7일은 신문의 날로 지정되는 등 가치를 인정받고 있는데요. 그 당시에도 『독립신문』의 인기가 높았다고 들었습니다만……

주시경   어휴, 말도 마세요. 처음에는 발행 부수가 300부쯤 찍었나? 그러다 1898년에 들어서면서부터 1000부를 넘더니 그해 7월에는 3000부를 찍었습니다.

김딴지 변호사   처음부터 일간지는 아니었죠?

주시경   네, 첫해에는 일주일에 세 번 4면의 신문으로 발행했습니다. 그중 한 면은 조선에 있는 외국인들을 위해 영문판으로 제작했죠. 1898년 7월 1일부터는 매일 신문을 찍어서 배포했습니다. 영문판도 1897년 1월부터 아예 『인디펜던트(The Independent)』라는 별도의 4면 신문으로 분리해 찍었죠.

김딴지 변호사   『독립신문』이 그렇게 인기가 좋은 이유가 뭐였습니까?

주시경   일단 한글로 만들어져서 한문을 모르는 사람도 볼 수 있었고, 관

1885년 미국 선교사인 아펜젤러가 세운 조선 최초의 근대식 중등 교육 기관, 배재 학당

리들이 나쁜 짓을 하거나 백성들의 억울한 사정도 낱낱이 실었기 때문이죠. 그냥 시키는 대로 세금만 내고 억울한 일이 있어도 참고 넘어가야 했던 백성들한테는 뜻하지 않은 선물이나 다름없었지요. 다시 말해 자신들의 억울한 일을 대변해 준다고 생각했기 때문이지 않을까요.

김딴지 변호사　　지상 세계에서 카타르 정부가 세운 <u>알 자지라</u> 방송처럼 정부 지원으로 만들어진 언론이 오히려 정부를 비판하는 데 앞장선 것과 비슷하네요.

주시경　　그렇죠. 정부에서 잘못한 점을 조목조목 따져서 신문에 실

알 자지라
알 자지라(Aljazeera) 방송은 1996년 11월, 카타르 왕가의 지원으로 탄생된 언론사입니다. 날카로운 비판 덕분에 다른 중동 국가의 배척을 받기도 했습니다. 9·11 사태 이후에 아랍에 대한 중요성이 커지면서 세계적인 언론사가 되었지요. '자지라'는 아랍어로 '섬' 또는 '바다'라는 뜻을 가지고 있습니다.

으니 관리들이 나쁜 짓을 하고는 못 버티게 된 겁니다. 그렇게 할 수 있었던 것은 서재필 사장의 공이 컸습니다. 그 밖에도 열강들이 부당하게 이권을 침탈하거나 우리 백성들을 못살게 구는 것도 남김없이 써서 큰 호응을 받았습니다.

김딴지 변호사   외국 열강들은 아주 싫어했겠군요.

주시경   싫어했다 뿐이겠습니까. 눈엣가시였지요. ▶러시아의 스페이어 공사 같은 경우는 서재필 사장이 미국인이라는 것을 빌미로 『독립신문』이 미국을 대변하는 신문이라면서 미국 공사에게 압력을 넣어서 없애고 말겠다고 얘기할 정도였습니다.

김딴지 변호사   일부에서는 서재필 선생이 미국인 행세를 했다고 못마땅하게 생각하고 있습니다만…….

주시경   미국인 행세를 한 건 맞습니다. 조선 사람들 중에도 그걸 못마땅하게 여긴 사람들이 제법 있었지요. 하지만 그분이 미국인이었기 때문에 그렇게 과감하게 정부를 비판할 수 있었던 겁니다.

김딴지 변호사   그러니까 자유로운 정부 비판을 위해 미국인 신분을 십분 이용한 것이로군요.

주시경   비슷한 예로 한국 이름이 '배설'인 영국인 어니스트 베델이 양기탁 선생과 함께 만든 『대한매일신보』가 있었어요.

판사   영국인이 조선에서 신문을 발행했던 적이 있었다고요? 저는 처음 듣는 소리입니다.

주시경   물론입니다. ▶▶『대한매일신보』는 1904년 7월

교과서에는

▶독립 협회의 외세 배척 운동은 주로 러시아를 대상으로 삼았습니다. 러시아를 제외한 열강에 대해서는 다소 우호적인 측면도 없지 않았지요.

▶▶이후 신민회에서는 『대한매일신보』를 통해 국민 계몽에 앞장서기도 합니다.

18일에 창간된 신문으로 2면은 한글판, 4면은 영문판으로 총 6면으로 발간되었습니다. 1905년에 영문판(『The Korea a Daily News』)과 한글과 한문을 혼용한 신문으로 분리하여 두 가지 형태로 발간했다가 1907년에 한글판, 국한문판, 영문판 세 가지 형태로 발행했는데, 발행 부수가 총 1만 부를 넘어서는 신문이었습니다.

김딴지 변호사　그 당시 발행 부수가 1만 부였다면 꽤 인기 있는 신문이었겠네요.

주시경　『대한매일신보』는 고종의 은밀한 지원과 애국지사들의 적극적인 지원을 받아서 창간된 신문이라서 일본의 침략에 비판적이었습니다. 일본 통감부 측은 이 신문을 눈엣가시처럼 여겼지만 발행인 배설이 영국인이었기 때문에 어느 정도 자유로웠습니다. 하지만 일본의 계속되는 탄압에 결국 배설이 물러나게 되었고, 그 후 『매일신보』로 이름이 바뀌어 조선 총독부의 기관지로 전락하고 말았지요.

김딴지 변호사　『대한매일신보』로 발행인이 외국인임을 내세워서 일본 측의 압력에 맞선 셈이었군요. 그런 측면에서 보자면 서재필 선생이 미국인 신분을 내세운 것도 『독립신문』이 정부와 외국의 압력에 맞서 싸우기 위한 방법이었다는 게 충분히 이해가 됩니다.

주시경　맞습니다.

김딴지 변호사　『독립신문』은 그 외에도 한글 정착에 큰 역할을 한 걸로 알고 있습니다. 세종 대왕께서 한글을 창제했지만 오랫동안 제대로 쓰이지 않다가 이때 비로소 제자리를 찾은 걸로 알고 있습니다. 여기에는 주시경 증인의 공이 큰 걸로 알고 있는데요. 한글에 띄

어쓰기가 도입된 것도 이때가 아닌가요.

　　김딴지 변호사의 말에 주시경이 쑥스러운 듯 뒤통수를 긁적거렸다. 방청객들은 연신 고개를 끄덕이며 재판 진행에 진지하게 귀 기울이는 모습이었다.

주시경　　힘들고 어려운 점도 많았지만 뭐랄까, 열정 같은 게 있었습니다. 나라의 발전에 도움이 된다는, 거기에 일조를 할 수 있다는 자부심 아니 보람이 있었지요. 그리고 한글만으로 신문을 발행하기로 한 건 서재필 사장의 뜻이었습니다. 한문이라는 언어를 가지고 모든 정보를 독점하던 양반들과 이제 백성들이 동등한 입장이 된 것이죠. 『독립신문』의 가장 큰 업적은 백성들에게 민족의식을 심어 줬다는 점입니다. 양반과 양민과 천민으로 나뉜 조선이 아니라 다 같은 대한 제국의 국민이라는 인식을 심어 줬기 때문에 만민 공동회 같은 집회와 여러 가지 국권 수호 운동이 벌어질 수 있었던 겁니다.

김딴지 변호사　　그러다 결국 정부의 탄압으로 폐간당하고 말았지요.

주시경　　그렇습니다. 나는 서재필 사장이 미국으로 돌아가실 때 함께 신문사를 나왔지만 항상 애정을 가지고 지켜보았지요. 서재필 선생 뒤를 피고 윤치호가 맡아 신문을 발행했고, 그 후 아펜젤러, 영국인 엠벌리가 운영했습니다. 그러던 것이 1898년 12월에 독립 협회가 강제로 해산되면서 『독립신문』도 정부에서 매수하여 결국 1899년 12월에 폐간되고 말았습니다.

김딴지 변호사　말씀 잘 들었습니다. 사실 『독립신문』 이전에 1883년에 『한성순보』라는 신문이 발간된 적이 있었습니다. 하지만 『한성순보』는 한문으로만 발간된 데다가 비판 기능이 없어서 큰 호응을 얻지 못했던 것으로 알고 있습니다. 하지만 『독립신문』은 언론의 비판 기능에 충실했고, 이는 당시 조선, 아니 대한 제국에서는 거의 혁명이나 다름없는 일이었습니다. 또한 열강의 이권 침탈을 강력하게 반대하면서 각국 영사관으로부터도 경계의 대상이 되었습니다. 증

인은 『독립신문』이 3000부를 인쇄했다고 얘기했습니다만 사실 시
골 장터 같은 곳에서 『독립신문』을 돌려 가며 읽었다는 기록들이 있
는 것으로 봐서는 실제 신문을 본 사람은 더 많았을 것으로 추정됩
니다. 『독립신문』의 이런 활동은 독립 협회와 마찬가지로 지배층과
외국 열강의 탄압을 받고 결국 쓸쓸한 최후를 맞이하게 되었습니다.
이상으로 증인 신문을 마치겠습니다.

　　김딴지 변호사가 발언을 끝내자 방청석에서 우레와 같은 박수가
터졌다. 판사가 잠시 진정되길 기다렸다가 말했다.

판사　　증언 잘 들었습니다. 원고 측 변호인은 반대 신문을 하시겠
습니까?
이대로 변호사　　하지 않겠습니다.
판사　　알겠습니다. 증인은 자리로 돌아가셔도 좋습니다.

　　왜 독립 협회는 해산되었을까?

독립 협회의 기관지 ②

판사　그럼 이번에는 원고 측 증인을 소환해서 얘기를 들어 보도록 하겠습니다. 원고 측 증인은 앞으로 나와 주시기 바랍니다.

　법정의 문이 열리고 양복 차림의 한 남자가 조용히 걸어 들어왔다. 그 모습을 지켜보던 방청객들 중 몇몇이 갑자기 자리에서 벌떡 일어나서 그를 향해 손가락질을 하며 욕설을 퍼부어 댔다. 뜻밖의 사태에 놀란 판사가 어리둥절해 하자 서기가 작은 소리로 귀띔을 해 주었다.

서기　이완용입니다.
판사　누구라고?

을사오적
1905년 을사조약에 서명한 박제순, 이지용, 이근택, 이완용, 권중현 등 다섯 명의 매국노를 지칭합니다.

서기   을사오적 중 한 명이자 친일파의 대명사죠. 판사님, 역사학을 부전공했다고 하지 않으셨습니까?

판사   흠흠, 서양사였네. 어쨌든 재판을 진행해야 하니까 진정시켜야겠군.

의사봉을 든 판사가 우렁찬 목소리로 조용하지 않으면 모두 퇴장시키겠다고 으름장을 놓자 겨우 진정되었다. 경위들의 호위를 받으며 증인석 앞에 선 이완용이 선서를 했다.

이완용   나 이완용은 이 자리에서 오직 진실만을 말할 것을 다짐합니다.

판사   증인은 자리에 앉으셔도 좋습니다. 원고 측 변호인은 신문을 시작해 주세요.

이대로 변호사   예, 알겠습니다. 증인은 본인 소개부터 간략하게 해 주시기 바랍니다.

이완용   나는 ▶조선과 대한 제국의 관리를 지냈습니다. 물론 후세인들에게 일본에 나라를 팔아먹었다는 욕을 먹고 있는 것이 억울하여 해명하고 싶은 생각은 굴뚝같지만, 오늘은『독립신문』에 관한 얘기를 하러 나왔으니 그 부분의 증언만 하도록 하겠습니다.

이대로 변호사   그럼 질문을 시작하겠습니다. 증인도 한때는 독립 협회 회원이었지요?

교과서에는

▶1910년 8월 22일 통감 관사에서 이완용과 데라우치가 합방 조약에 조인합니다.

이완용　　그렇습니다.

이대로 변호사　　증인은 한때 독립 협회 회원이었고, 『독립신문』이 발간될 당시 정부 각료를 지내면서 정부에서 신문 발행에 후원할 수 있도록 기여를 했다고 들었습니다.

이완용　　그렇습니다. 신문 발간의 필요성을 우리 모두 느끼고 있던 터였고, 신문 발간에 한두 푼 드는 것도 아니고 해서 정부 관리로 있던 나는 당연히 도움을 주어야 한다고 생각했습니다.

이대로 변호사　　아, 그랬군요. 앞선 증인이 『독립신문』이 정부에 대한 비판을 했기 때문에 폐간되었다고 주장했는데 그 말이 사실인가요?

이완용　　『독립신문』이 정부와 열강들을 비판하고 백성들로부터 큰 호응을 얻은 것은 사실입니다. 하지만 독립 협회가 발간한다는 한계를 벗어나지 못했습니다. 구체적으로 말씀드리자면 『독립신문』은 독립 협회의 주장과 의견을 전달하는 기관지 역할을 충실히 수행했을 뿐이었습니다.

이완용의 말에 법정이 다시 술렁거렸다. 이대로 변호사가 얼른 다시 물었다.

이대로 변호사　　근거가 있는 얘긴가요?

이완용　　물론입니다. 『독립신문』을 보면 다 나와 있습니다. 『독립신문』이 열강의 이권 침탈을 반대했다고 하셨습니까? 1898년 8월 31일자 논설에는 오히려 ▶아프리카와

북아메리카의 자원을 개발한 열강들을 칭찬하는 내용이 실려 있습니다. 말미에는 아예 자기가 가진 것을 제대로 쓰지 못하면 남에게 빼앗기는 것은 당연하다고 마무리를 했습니다. 이게 도대체 무슨 말이겠습니까?

이대로 변호사   그게 사실이라면 충격적인 얘기가 아닐 수 없습니다.

이완용   어디 그것뿐이겠습니까? 1896년 7월 2일자 논설에는 철도 건설이 문명화의 지름길이며 열강의 자본 투자를 이끌어 낼 수 있을 것이라고 했습니다. 그것도 모자라서 아예 열강들이 조선에 많은 투자를 하는 것이 군대를 양성하는 것보다 더 큰 도움이 될 것이라는 얘기도 서슴지 않았죠.

이대로 변호사   그게 사실이라면 정부가 열강들에게 이권을 넘겨주는 것을 막을 이유가 없을 텐데요.

이완용   이런 얘기들은 영문판에만 실었습니다. 그러니까 백성들에게는 정부가 이권을 양도하는 것은 나라를 팔아먹는 짓이라고 비난하면서 정작 자신들은 다른 얘기를 한 겁니다. 그것뿐만이 아닙니다. 정부에서 영국과 독일에게 허가한 금광 채굴권을 회수하려고 하자 잘못된 조약이라도 준수해야 한다고 목소리를 높이기도 했습니다.

이완용의 증언이 계속되자 법정이 다시 술렁거렸다. 피고석에 앉은 윤치호의 표정도 어두워졌다. 숨을 한 번 고른 이완용이 말을 이었다.

이완용　게다가 대한 제국이 뭘 믿고 열강들과의 약속을 어기는 것인지 모르겠다며 비난하기도 했습니다. 보다 못한 외국인이『독립신문』에 이권을 넘겨주는 것을 독립 협회가 앞장서서 반대해야 한다는 내용의 투고를 하자 아예 줘야 한다면 차라리 점잖게 주는 편이 좋다고 반박하는 기사를 싣기도 했죠.

이대로 변호사　그러니까 앞에서는 정부의 정책을 비판하면서 정작 자신들은 열강의 이권 침탈을 찬성하는 이중적인 자세를 보였단 말씀이시군요.

이완용　그것뿐만이 아닙니다. 독립 협회와『독립신문』은 정부가 외국인 고문관을 초빙하는 것을 강력히 반대했고, 황제께서 외국인으로 구성된 근위대를 창설하는 것도 막았습니다. 그래 놓고서는 정작『독립신문』의 영문판에는 대한 제국은 근대적인 재정과 군사 훈련을 감당할 수 없으니 외국인 고문관이 꼭 필요하다는 기사를 게재하기도 했습니다.

이대로 변호사　그렇다면 증인은 독립 협회와『독립신문』이 이런 이중적인 모습을 보인 이유가 뭐라고 보십니까?

이완용　1898년 3월 24일자『독립신문』논설을 보면 저들의 속마음을 엿볼 수 있습니다. 논설은 대략 백성들이 옛것을 숭상하고 새로운 것을 배척하니까 잘 가르쳐서 개화를 해야 한다고 했습니다. 그리고 백성을 가르치는 역할을 하는 것이 바로 독립 협회가 해야 할 일이라고 주장한 겁니다. 이는 남들이 하는 건 무조건 틀리고 오직 자신들의 주장만 옳다고 강변한 것입니다.

이대로 변호사   그러니까 은연중에 독립 협회가 민중들보다 우위에 있다는 사실을 주장한 것이군요.

이완용   그렇지요. 같은 해 4월 2일자 논설에는 의병들의 활동이 혼란을 야기해서 외세 개입의 빌미를 제공하니 자제해야 한다고 주장했습니다. 자칭 백성들의 뜻을 대변한다는 협회와 신문이 오히려 국민들의 봉기가 잘못되었다고 주장하는 이중적인 자세를 보인 겁니다.

이대로 변호사   『독립신문』의 영향력을 통해 여론을 자신들의 뜻대로 조정하려고 들었던 셈이로군요. 독립 협회에서 학정에 못 이긴 민중들의 봉기를 부정적으로 바라봤다는 점이 놀랍습니다.

이완용   그들은 말로는 백성을 위한다고 했지만 실상은 그들 위에 군림하려고 들었습니다. 심지어는 을미사변에 분개해서 봉기한 의병들을 도적이라고 비난하고 개화에 방해가 되니 집으로 돌아가라고 하기도 했습니다. 이들은 의병들을 대단히 부정적으로 바라봤고, 심지어는 외국군이 이들을 토벌하기 위해 주둔하는 것을 찬성하기도 했습니다. 게다가 외국군의 철수 요구에 대해서는 임금조차 안전하지 못한 상황에서 뭘 믿고 외국군을 철수하라고 하는지 모르겠다는 식의 협박도 서슴지 않았습니다. 심지어는 임금께서 만민 공동회에 일본군의 철수를 요구해 달라는 요청에 대해서도 거절했습니다.

판사   증인, 그 말이 사실입니까? 오, 이제껏 우리가 알고 있었던 것과 너무 다른 내용이라 놀랍습니다.

이완용   내 말이 거짓인지 피고석에 앉아 있는 윤치호가 당시 독립 협회를 이끌었으니 직접 물어보시죠.

이대로 변호사   그것이 좋겠습니다. 판사님! 저 역시 이 부분은 선 뜻 믿기지 않습니다. 여기서 증인의 얘기가 사실인지 피고에게 확인 할 수 있는 기회를 주셨으면 합니다.

판사   음, 예정에 없는 일이기는 하지만 사안이 중대하니 허락하도 록 하겠습니다. 단, 정식 증인이 아니니까 답변을 거부할 권리가 있 다는 점을 감안해 주시기 바랍니다.

이대로 변호사   감사합니다. 피고 윤치호에게 질문하겠습니다. 증 인의 말대로 일본군의 철수를 만민 공동회의 안건에 올려 달라는 고 종의 요청을 거절했습니까?

재판정 안의 모든 시선이 윤치호에게로 향했다. 이대로 변호사의 거듭 질문에 머뭇거리던 윤치호가 천천히 대답했다.

윤치호   그렇습니다.

피고 윤치호의 대답에 법정 안은 벌집 쑤셔 놓은 것처럼 시끌벅적 했다.

"아니, 뭐야? 그럼 우리가 이제껏 잘못 알고 있었던 거야?"

"그럴 리가. 저자가 누군가? 매국노야, 나라를 팔아먹은 매국노! 어찌 그자의 말을 믿겠는가."

"아니, 피고도 지금 그자의 말이 맞다고 하지 않은가 말이야."

판사가 의사봉을 두드리며 큰 소리로 모두 조용히 해 줄 것을 요구했다.

이대로 변호사　왜 그런 결정을 내리셨습니까?

윤치호　지금 기준으로 보면 잘못된 것처럼 보이겠지만 당시로서는 어쩔 수 없는 상황이었습니다. 의병은 변화를 인정하지 않고 옛 시대로 돌아갈 것을 주장했습니다. 그들이 승리한다면 대한 제국은 다시 옛날로 돌아갈 것이라고 믿었기 때문에 반대했던 것입니다.

이대로 변호사　마지막으로 한 가지만 더 질문하겠습니다. 피고와 독립 협회는 근대 국가로의 개혁을 주장하면서 민중을 가르침의 대상이나 방해가 되는 존재로 인식했습니다. 이런 이중적인 태도는 외국과 직간접적인 교류가 있거나 새로운 학문을 배웠다는 것에 대한 우월감에서 나온 결정이 아니었습니까?

이대로 변호사의 질문에 김딴지 변호사가 벌컥 화를 내면서 자리에서 일어났다.

김딴지 변호사　원고 측 변호인은 질문을 빙자해서 제 의뢰인을 모욕하고 있습니다.

판사　이의를 인정합니다. 피고인은 답변하지 않으셔도 좋습니다.

윤치호　아니요. 답변하겠습니다. 사람들은 누구나 익숙한 것을 좋

　왜 독립 협회는 해산되었을까?

다고 여깁니다. 일상생활도 그런데 나라 일을 바꾸고 제도
가 바뀌는 문제는 오죽하겠습니까? 독립 협회나 『독립신
문』은 백성을 개혁의 걸림돌이나 방해물이라고 생각하지
않았습니다. 다만 백성이 지닌 오래된 관습과 가치관이 대
한 제국의 발전에 방해가 되고 발목을 잡는다고 믿었기 때문에 그런
논설들을 쓰게 된 것입니다. 그래서 의병들에게도 자제를 요청했던
겁니다.

민의
국민의 뜻이라는 말로, '여론',
'공론'과 바꾸어 쓸 수 있습니다.

이대로 변호사　답변 감사합니다. 하지만 제가 『독립신문』에 대해서
너무 큰 환상을 가지고 있었던 걸까요? 민중을 비판하고 열강들의
침략을 용인했다는 사실이 뇌리에 크게 남는군요. 다시 증인에게 질
문하겠습니다. 그렇다면 독립 협회와 『독립신문』이 이런 이중적인
모습을 보인 이유는 무엇이라고 보십니까?

이완용　그것은 뻔하지 않을까요. 자기들의 뜻과 달리하는 정부에
대한 무조건적인 불신으로 그들이 책임 질 필요가 없는 비판만 일
삼은 게 아닌가 싶습니다. 저들은 자신들이 백성의 **민의**를 전달하는
역할을 한다고 주장했지만, 민의를 앞장서서 만들어 내고 그것이 마
치 모든 백성의 생각인 양 떠들어 댔습니다. 외국 물을 조금 먹었다
고 잘난 척했지만 결국은 열강의 속셈을 눈치채지 못하고 그들 손에
놀아난 셈이지요.

　이완용이 통쾌하다는 표정으로 말하자 판사가 준엄한 어조로 경
고했다.

판사 　이 자리는 개인적인 변론의 자리가 아닙니다. 개인적인 감정을 섞지 말고 있는 그대로의 진실만을 증언하시면 됩니다. 오늘 재판에 참가한 사람들은 방법과 생각은 달랐지만 모두 대한 제국의 독립을 위해 노력했습니다. 그런데 증인이 그들 앞에서 창피함이나 미안함조차 느끼고 있지 않다니 통탄할 노릇입니다. 원고 측 변호인은 계속 진행하시기 바랍니다.

이대로 변호사 　말씀 잘 들었습니다. 증인의 말을 종합해 보면 독립 협회와 『독립신문』은 외세의 침탈을 막아야 하고 제대로 대응하지 못하는 정부와 관료들을 비판했습니다. 하지만 자신들 역시 외국에 이권을 넘기는 것을 반대하지 않았습니다. 오히려 더 많은 나라에 더 많은 이권을 넘겨주는 것이 독립을 보장한다는 식의 주장을 폈습니다. 물론 최초의 한글 신문으로서의 『독립신문』이 가진 역할과 가치를 폄하할 생각은 없지만 일정 부분은 독립 협회의 일방적인 주장과 편향된 생각을 가감 없이 실은 기관지 역할을 했다는 점은 사실이라고 생각됩니다. 이상으로 증인 신문을 마치겠습니다.

　　이대로 변호사의 유창한 정리의 말이 끝나자 황국 협회 출신의 방청객들이 조심스럽게 박수를 쳤다. 판사가 이들을 제지시킨 후 김딴지 변호사에게 물었다.

판사 　반대 신문을 하시겠습니까?
김딴지 변호사 　하지 않겠습니다.

판사   증인은 수고하셨습니다. 그만 들어가셔도 좋습니다.

    이완용은 판사의 말이 떨어지기가 무섭게 방청객들의 따가운 시선을 뒤로하고 고개를 빳빳이 들고 법정 밖으로 나갔다.

3 『독립신문』의 의의

김딴지 변호사　이번에는 제 의뢰인에게 몇 가지 증언을 듣는 것을 허락해 주시면 감사하겠습니다.

판사　형평성을 고려해서 피고 측에도 허락하겠습니다.

김딴지 변호사　감사합니다. 그럼 질문하겠습니다. 원고 측 증인이 『독립신문』이 외국군의 주둔을 찬성했으며 의병들을 비판했다는 기사를 실었다는 점을 들어 비난했습니다. 왜 이런 내용이 『독립신문』에 실리게 된 겁니까?

윤치호　『독립신문』은 군사 훈련의 중요성을 강조하고 무관 학교의 설립을 주장하는(『독립신문』 1896년 4월 30일자) 등 자주 국방에도 많은 관심을 기울였습니다. 단지 그것이 해결될 때까지는 안정을 위해 어쩔 수 없이 주둔을 허락해야 한다는 주장을 했던 것뿐입니다. 황제가 의병들에게 해산하라고 여러 차례 명령한 이상 그들은 명백한 반란군입니다. 당시 나를 비롯해서 개혁을 주장하는 세력들 눈에 의병들은 옛날로 돌아가자고 주장하는 보수파의 무리로밖에는 안 보였습니다. 지금 생각해 보면 그들을 이해하지 않았던 것은 분명한 우리의 잘못이었습니다.

김딴지 변호사　　그러니까 의병에 관한 부분은 잘못 판단한 부분이 있었다는 얘기로군요.

윤치호　　네, 그 부분은 이후에 당시 의병 활동을 했던 분들과 얘기를 나누면서 오해가 풀렸습니다. 방법은 달랐지만 나라를 사랑하는 마음은 똑같았다는 생각이 들었습니다.

김딴지 변호사　　그렇다면 외국군의 주둔을 찬성한 부분 역시 당시 상황을 인정하고 그 속에서 해결책을 찾아 나가겠다고 생각했기 때문이었군요.

윤치호　　그렇습니다. 지금 생각해 보면 말도 안 되는 얘기였지만 그것이 당시 대한 제국이 처한 현실이었습니다. 그리고 『독립신문』이 아까 열강에 이권을 넘겨주는 것을 찬성했다는 주장 역시 사실과는 다릅니다. 당시 대한 제국이 독립을 유지하기 위한 최선의 방법은 열강들의 세력이 서로 균형을 이루는 것뿐이었습니다. 즉 어느 한 나라도 주도권을 잡지 않도록 서로 견제하게 만들어야만 했습니다. 그래서 어느 한 나라, 특히 삼국 간섭으로 기세를 올린 러시아에 이권을 몰아주는 것을 반대했던 것입니다.

김딴지 변호사　　정부가 고용한 외국인 고문관을 해고하라고 요구한

삼국 간섭
1895년 러시아, 독일, 프랑스가 일본에게 청나라의 요동 반도를 돌려 줄 것을 요구한 사건으로, 1894년 청일 전쟁 후 조선에서 청의 정치적 영향력은 배제된 반면 일본이 정치적 주도권을 완전히 장악하였지요. 이에 러시아는 독일, 프랑스와 함께 일본에게 정치적 간섭을 하였고, 일본은 삼국의 요구를 들어주었다.

것도 같은 맥락이었습니까?

윤치호   맞습니다. 당시 서구에 비해 여러모로 뒤처진 동양은, 우리나라를 비롯해 중국과 일본은 고문관을 초청해서 제도를 익히고 법률을 정비했습니다. 일본 같은 경우도 메이지 유신 이후 외국인 고문관들을 대거 초청했었지요. 우리가 반대한 것은 러시아 교관에게 아예 군대의 지휘권을 맡기고 황제의 호위대를 외국인으로 구성하는 등 단순히 도움을 받는 것이 아니라 아예 그들에게 주도권을 넘겨주는 것이었습니다. 자문을 받는 것과 아예 주도권을 넘겨주는 것은 큰 차이를 가지고 있으니까요.

김딴지 변호사   정리해 보자면 『독립신문』이 열강들에게 이권을 나눠 준 것을 찬성한 것은 세력 균형을 통해 독립을 보장받기 위해서였고, 고문관 초빙 역시 반대한 것이 아니라 이들에게 주도권을 넘겨주는 것을 반대했다 이 말씀이군요.

윤치호   그렇습니다. 그리고 외국과 결탁해 이권을 팔아넘기면서 주머니를 채우는 관리들의 행태에 대해서도 강력하게 비판했습니다. 황제를 비롯한 정부 관료들이 『독립신문』을 미워한 것은 신문이 가진 감시와 비판 기능 때문이었습니다. 물론 우리들이 열강의 속셈을 제대로 간파하지 못했다는 점은 명백한 한계였습니다. 하지만 우리는 그렇게 해서라도 독립을 유지해야 한다고 생각했습니다.

김딴지 변호사   그러니까 앞선 증인의 말대로 독립 협회의 기관지였기 때문에 편향된 기사를 실었다는 말이 아니었군요.

윤치호   분명히 말씀드리지만, 우리는 반대를 위한 반대나 무조건 반대는 하지 않았습니다. 비록 잘못한 부분이 있긴 하지만『독립신문』은 신문이 가져야 할 비판과 견제 기능에 충실했다고 자부합니다. 덕분에 4년도 못 넘기고 폐간되고 말았지만 후회는 없습니다.

김딴지 변호사　말씀 잘 들었습니다.『독립신문』은 열강들 사이의 세력 균형을 통해 독립을 유지하는 현실론을 주장했습니다. 이는 지금 기준으로는 잘못된 판단이지만 당시 조선이 취할 수 있었던 가장 현실적인 대응책이었기 때문에 어쩔 수 없었습니다. 또한 언론은 다양한 목소리를 낼 책임이 있습니다.『독립신문』이 보인 이런 모습은 이중적이거나 자기중심적이 아니라 사안에 따라서 여러 가지 의견을 낸 것입니다. 앞선 원고 측 증인의 말대로『독립신문』이 협회의 일방적인 의견을 싣거나 여론을 조작하기로 마음을 먹었다면 이렇게 다양한 견해들이 나오지 않았을 겁니다. 따라서『독립신문』이 협회의 일방적인 의견을 싣거나 여론을 조작했다는 말은 명백하게 잘못된 것임을 이 자리에서 밝히는 바입니다. 이상으로 신문을 마치겠습니다.

판사　모두 수고하셨습니다. 오늘은『독립신문』의 역할과 한계에 대해서 얘기를 나누어 보았습니다. 마지막 재판이 될 다음 시간에는 독립 협회가 주관한 만민 공동회에 관한 설명과 독립 협회가 해산되는 과정을 자세히 알아보도록 하겠습니다. 오늘 재판은 이것으로 마치겠습니다.

　땅! 땅! 땅!

자주독립국임을 선포한 대한 제국

대한 제국은 조선이 자주독립국임을 알리기 위해 선포한 국명으로 1897년
부터 1910년까지 13년간 유지되었습니다. 개항 이후 열강들에 의해 이권이
침탈당하고, 을미사변과 아관 파천을 비롯한 사건들이 일어나면서 이에 대한
반발로 지방에서 의병이 봉기하는 등 큰 혼란에 빠지게 됩니다. 이에 고종은
국정을 일신하고 자신의 권력을 강화해서 이 문제를 극복하기로 결심합니다.
1897년 2월 러시아 공사관에서 경운궁으로 환궁한 직후부터 독립 협회를 비
롯한 대신들은 고종에게 칭제건원(稱帝建元), 즉 황제라고 높이고 연호를 반포
할 것을 주장합니다. 고종은 1897년 8월 15일 광무라는 연호를 선포하고, 그
해 10월 11일 국호를 조선에서 대한 제국으로 바꿉니다. 그리고 10월 12일
황제 즉위식을 거행하였습니다.

대한 제국의 뜻은 삼한(三韓)을 효시로 한 대한(大韓)에 황제가 다스리는 국
가를 뜻하는 제국(帝國)을 붙인 것입니다. 독립 협회는 황제가 군림하되 통치
는 하지 않는 입헌 군주 체제를 주장하지만, 고종은 황제가 모든 권한을 가지
고 있는 전제 군주 체제를 구축합니다. 그리고 러일 전쟁이 발발하는 1904년
까지 한양의 도로를 정비하고, 지방에 철도를 부설하는 등 의욕적인 개혁 정
책을 추진합니다. 이 정책들은 연호를 따서 광무 개혁이라고 부릅니다.

하지만 러일 전쟁에서 승리한 일본의 방해 때문에 일련의 개혁 정책들은 실
패로 돌아가고 맙니다. 1905년 대한 제국의 외교권을 박탈한 을사늑약(乙巳勒

約, 1905년 러일 전쟁에서 승리한 일본은 대한 제국의 외교권을 박탈하고, 통감부를 설치하는 것을 골자로 한 조약으로 을사보호조약이 정식 명칭이지만 일본의 협박으로 인해 강제로 체결되었기 때문에 늑약이라고 부르는 것이 맞음)이 체결되고, 1907년 헤이그 밀사 사건(1907년 이상설, 이위종, 이준이 을사늑약의 부당성을 호소하는 고종의 밀서를 가지고 네덜란드의 헤이그에서 열리는 만국 평화 회의장에 나타난 사건. 그곳에서 세 사람은 일본의 침략이 부당하다고 호소했지만 열강들에게 외면당하였다. 이에 상심한 이준은 현지에서 눈을 감았고, 고종 역시 일본의 압력에 의해 황제의 자리에서 물러나게 됨)으로 인해 고종이 퇴위하면서 사실상 막을 내리게 된 대한 제국은 1910년 8월 29일, 일본에게 결국 국권을 강탈당하게 됩니다.

세종 대왕의 즉위식과 함께 화려한 즉위식으로 손꼽히는 고종 황제 즉위식

다알지 기자

방금 둘째 날 재판이 모두 끝났습니다. 오늘 재판의 주제는 우리나라 최초의 한글 신문인 『독립신문』의 활동상이 주요 쟁점이 었습니다. 1896년 발간된 『독립신문』은 백성을 깨우치고 정부의 개혁을 추진하면서 열강들의 이권 침탈을 강력하게 비난한 것으로 잘 알려져 있습니다. 독립 협회의 활동상에 대해서는 서재필이 사장 겸 주필이었을 당시 『독립신문』의 회계 겸 교정을 맡았던 주시경 선생이 증언하셨습니다. 뒤이어 대표적인 친일파인 이완용이 증인석에 서자 법정이 몹시 술렁거렸습니다. 그가 『독립신문』의 이중성에 대해서 증언하자 방청객들의 반발이 극심했습니다. 이번 재판의 피고인 윤치호도 직접 증언에 나섰습니다. 윤치호는 『독립신문』이 일부 잘못된 주장을 실은 것은 인정하지만 무조건 편향된 기사를 실지 않았고, 비판과 견제의 기능에 충실했다고 진술했습니다. 이번 시간은 양측 소송 당사자들을 모시고 얘기를 들어 보도록 하겠습니다. 한 말씀 부탁드리겠습니다.

오늘 증언들을 잘 들으셨으리라 봅니다. 『독립신문』은 독립 협회의 입장을 대변한, 이중적인 입장을 취했던 기관지일 뿐입니다. 『독립신문』은 열강의 이권 침탈을 반대하고 이권을 양도하는 정부를 비판했습니다. 하지만 외국인들이 볼 수 있는 영문판에는 열강들의 자원 개발과 투자를 지지하는 이중적인 모습을 보였지요. 그리고 민중의 뜻을 대변한다고 했지만 사실은 자신들이 주도해야만 한다는 독선을 드러냈고, 백성들의 봉기인 의병들을 배척하는 논설을 싣기도 했습니다. 그것도 모자라 의병을 토벌하는 외국군의 주둔을 찬성하고, 만민 공동회에서 일본군의 철수를 요구하라는 임금의 요청도 거절했습니다. 나는 독립 협회와 『독립신문』의 이런 위선적인 모습을 모르고 있는 후손들에게 그 진실을 알려 주기 위해 이 소송을 제기한 것입니다.

홍종우

윤치호

『독립신문』이 의병을 비판한 것은 임금의 해
산 명령을 듣지 않았기 때문입니다. 그리고 우리
는 열강에 이권을 넘겨주는 것을 무조건 찬성한 것
이 아닙니다. 열강들이 서로 견제해서 그들의 세력을
이용해 대한 제국의 독립을 유지하려고 했던, 나름의 전략이 었습니
다. 그것이 당시로서는 가장 현실적인 대책이었고, 그런 차원에서 열
강에게 균등하게 이권을 분배하라고 주장했던 것입니다.『독립신문』
은 부패한 관리의 행실과 억울한 백성들의 사정, 그리고 열강의 부당
한 이권 침탈을 비판했습니다. 하지만『독립신문』의 이런 활동을 싫어
한 열강들과 정부의 압력으로 인해 결국 폐간이 되는 비극을 겪게 되
었던 것입니다. 역사의 진실은 명백합니다. 잘못된 주장에 속지 마시
고 진실을 봐 주셨으면 하는 바람입니다.

왜 독립 협회는 해산되었을까?

조선 시대 신문으로는
어떤 것이 있을까요?

『한성순보』

1883년 10월에 창간되어 다음 해인 1884년 12월에 종간된 신문입니다. '순보'란 '순간', 즉 열흘 간격으로 발행하는 신문을 가리키는 말로, 한 달에 3번 발행된 『한성순보』는 우리나라 최초의 근대 신문입니다. 박영효 일행이 수신사 자격으로 일본에 다녀온 뒤 국민을 계몽할 필요성을 절감하게 되고, 이후 한성부 판윤이 된 박영효는 신문의 필요성을 지속적으로 간언하고 우여곡절 끝에 『한성순보』 창간호를 만들게 됩니다. 창간 당시 대표는 민영목과 김만식이 맡고 있었으며, 관영 신문의 성격을 띤 것이 특징입니다.

『매일신문』

우리나라 최초의 일간 신문으로, 1898년 1월
에 창간되었습니다. 3면과 4면에는 외국의
소식과 개화 문명을 싣기도 했지요. 조선 말
기인 1896년에 한성부에서 조직된 계몽 운
동 단체인 협성회의 회보가 폐간된 후, 양홍
묵·유영석·이승만 등에 의해 민족의 대변
기관지로 등장하게 됩니다.

『독립신문』

최초의 순한글 민간지로 알려진 『독립신문』
은 1896년 4월에 발간되었습니다. 미국에서
귀국한 서재필이 중심이 되어 발간하였으며,
조선 정부의 지원을 받았지요. 서재필이 미국
으로 망명한 뒤에는 우여곡절 끝에 정부가 신
문사를 매수하여 1899년 12월에 폐간됩니
다. 『독립신문』에서는 순한글을 사용했는데,
세로로 쓰며 띄어쓰기를 한 것이 특징입니다.

『황성신문』

구한말의 바람 앞에 등불 같던 당시 정국을
애국적인 시각을 가지고 매섭게 비판한 신문
으로 1898년에 창간되었습니다. 유근, 박은
식, 장지연 등이 활동했으며, 일간 신문이었
지요. 특히 1905년 을사조약에 대해 장지연
이 쓴「시일야방성대곡」으로 잘 알려져 있습
니다.「시일야방성대곡」이란 '이 날에 목 놓아
통곡하노라'라는 의미로 을사조약의 부당함
을 알리는 내용을 담고 있습니다.

『한성신보』

대한 제국 시대에 일본인들이 발행한 한국어
및 일본어 신문입니다. 확실한 창간 날짜는
알 수 없으나 1894년경에 창간된 것으로 추
측하고 있습니다. 처음에는 일본어로만 발행
하다가 국한문 혼용 기사를 내게 됩니다. 명
성 황후 시해 사건을 대원군이 일으킨 것이라
는 허위 보도를 서슴지 않기도 했습니다.

출처: 신문박물관(www.presseum.or.kr)

재판 셋째 날

독립 협회가
해산된 원인은 무엇일까?

1. 정부에 의한 강제 해산
2. 급진파들의 과격한 행동
3. 러시아와 일본의 간섭

교과연계

한국사
V. 근대 국가 수립 운동과 일본 제국주의의 침략
  3. 근대 국가를 수립하기 위해 노력하다
    2) 독립 협회, 민중과 더불어
       국권·민권 운동에 나서다

정부에 의한 강제 해산

판사   자자, 그럼 이제부터 셋째 날 재판을 시작하겠습니다. 다들 조용히 해 주시기 바랍니다.

   판사가 재판의 시작을 알리자 웅성대던 방청객들이 서둘러 자리를 잡았다. 어수선하던 법정이 조용해지자 판사가 서기에게 넘겨받은 서류를 넘겨 보며 말을 시작했다.

판사   오늘 재판에서는 독립 협회가 해산된 이유와 책임에 대해서 알아보도록 하겠습니다. 마지막 재판인 만큼 양측 모두 최선을 다해 주시기 바랍니다. 지난번 마지막 증인이 피고였지만 예정에 없었던 증인이니만큼 오늘은 피고 측 증인의 증언을 듣는 것으로 시작하겠습니다. 그럼 피고 측 증인은 들어와 주시기 바랍니다.

경위가 법정의 문을 열자 짧게 깎은 머리에 두루마기 차림의 증인이 들어섰다. 안으로 걸어오던 증인은 원고석에 앉은 홍종우를 노려보았다. 홍종우 역시 지지 않고 쳐다봤다. 증인은 고개를 절레절레 흔들며 걸어와 증인석 앞에 서서 단호한 어조로 선서를 했다.

『대한계년사』
정교가 조선 고종 원년(1864)부터 1910년 국권 강탈까지 47년 동안의 역사를 쓴 책으로 독립 협회 간부로 몸소 경험한 사실이 기록되어 있습니다.

정교　선서! 나 정교는 오늘 이 자리에서 반드시 진실만을 말할 것을 선서합니다.

판사　피고 측 변호인은 신문을 시작하세요.

김딴지 변호사　이렇게 나와 주셔서 감사합니다. 우선 간단한 본인 소개를 부탁드리겠습니다.

정교　나는 본래 수원 판관과 장연 군수를 지낸 관리였지만 나라가 돌아가는 모습이 하도 안타까워서 1896년 독립 협회에 들어가 활동하였습니다. 피고석에 앉은 윤치호 회장과 함께 만민 공동회를 개최해서 열강의 이권 침탈을 반대하고 정부의 개혁을 요구했습니다. 그러다 독립 협회가 해산된 후 잠시 지방으로 피신해 있다가 죽음을 맞았습니다.

김딴지 변호사　증인이 쓰신 책이 당시 상황을 연구하는 데 귀중한 자료가 되고 있는 것을 알고 계십니까?

정교　『대한계년사』 말씀이십니까? 못 쓰는 글이나마 그때의 일을 기록으로 남겨야겠다는 생각에 쓰게 된 것입니다. 후대에 나름대로 이용되고 있다고 하니 보람을 느낍니다.

김딴지 변호사　　독립 협회 얘기를 해 보도록 하겠습니다. 후대의 학자들은 독립 협회의 활동 시기를 관료 주도기(1896. 7~1897. 8), 민중 계몽기(1897. 8~1898. 2), 민중 주도기(1898. 2~1898. 9), 그리고 민중 투쟁기, 이렇게 네 단계로 구분합니다. 이 가운데 가장 중요한 변화가 바로 독립 협회가 관료들의 모임에서 민중의 단체로 변화하는 것이었습니다. 이렇게 변화하게 된 이유가 무엇입니까?

정교　　사실 독립 협회가 세워질 당시에는 물론 서재필이나 피고 윤치호 등이 있었으나 안경수나 이완용, 이범진 같은 관료들이 주도했기 때문에 정부에 대해 크게 반대하거나 백성의 뜻을 모으는 일을 하지 못했습니다. 하지만 회원들이 점차 늘어나면서 다양한 목소리들이 나오기 시작했습니다. 그러다 결정적인 사건이 터졌던 것이죠.

김딴지 변호사　　결정적인 사건이오?

정교　　1898년 초로 기억합니다. 외부 대신 민종묵이 독단적으로 러시아에게 부산의 절영도를 조차하려고 했습니다. 그 소식을 듣고 독립관에서 회의가 열렸고, 여러 회원이 뜻을 모아서 항의 편지를 보낸 것이 시작이었습니다. 뒤이어 러시아가 한러은행을 세워서 정부의 재정을 독점하려는 문제에 대해서도 역시 탁지부 대신 조병호에게 반대 의견이 적힌 항의 편지를 보냈습니다. 이때 독립관에 모인 회원들과 방청객까지 모두 뜻을 함께하기로 서명을 했습니다. 그런 과정을 거치면서 자연스럽게 정부 관리들 대신 뜻있는 사람들이 독립 협회를 이끌게 된 것입니다.

김딴지 변호사　그러면서 정부 측과 갈등을 빚게 되었겠군요.

정교　그렇습니다. 그 전에는 무슨 짓을 해도 백성들 눈치는 보지 않아도 되었는데, 독립 협회가 나서서 일일이 따지고 항의하고 그 사실을 널리 알리니까 점점 눈엣가시처럼 봤을 겁니다.

김딴지 변호사　증인의 『대한계년사』에 보면, 드디어 1898년 3월 10일 종로에서 역사적인 첫 번째 만민 공동회가 열립니다. 그 호응이 대단했다고 들었는데요.

정교　대한민국 초대 대통령이 되는 이승만과 같은 젊은이들이 러시아의 절영도 조차와 한러은행 설립을 반대하는 연설을 했고 백성들로부터 큰 호응을 받았습니다.

김딴지 변호사　정부는 이에 러시아 고문관들을 해고하고 한러은행 설립을 취소했습니다. 이때까지만 해도 정부와의 관계가 그리 나쁘지 않았던 것 같네요.

정교　사실 정부에서도 러시아에 이리저리 끌려 다니는 것을 그리 달갑지 않게 생각했던 상황이라서 그랬던 것 같습니다.

김딴지 변호사　그러니까 처음에는 어느 정도 손발을 맞췄다고도 볼 수 있겠군요. 독립 협회가 부당함을 주장하면 정부는 거절할 명분으로 삼는 방식으로 말이죠.

정교　그렇습니다. 우리도 처음부터 정부에 반대하고 대신들을 미워했던 것은 아닙니다. 딱히 그래야 할 이유도 없었지요.

김딴지 변호사   하지만 정부와 독립 협회는 곧 대립하게 됩니다. 어떤 사건이 계기가 되었나요?

정교   황제의 측근인 이용익을 비롯한 정부 관료들의 문 책을 주장한 것 때문에 사이가 벌어지게 되었지요. 협회 회 원들이 거듭 상소를 올렸지만 듣지 않자 1898년 8월에 이 용익을 고등재판소에 고발했습니다. 이 문제를 논의하는 와중에 협 회 회원인 최정식이 황제를 모욕했다는 이유로 체포를 당했습니다.

김딴지 변호사   그러면서 본격적인 대립이 시작되었군요.

정교   그렇긴 하지만, 결정적으로 갈라지게 된 것은 김홍륙이 일으 킨 독차 사건 때문이었습니다.

김딴지 변호사   잘 모르시는 분들을 위해 그 사건에 대한 설명을 좀 부탁드리겠습니다.

정교   김홍륙은 본래 함경도 출신으로 어릴 때 블라디보스토크로 건너가서 일한 덕분에 러시아어를 할 줄 알았습니다. 그래서 러시아 공사관에서 통역으로 일하다가 황제께서 러시아 공사관으로 피신했 을 때 신임을 얻어서 측근이 되었지요. 그러자 러시아를 등에 업고 관직을 마음대로 나눠 주고 뇌물을 받는 등 제멋대로 굴었습니다. 그 러다 마침내 황제의 미움을 받아 흑산도로 귀양을 가게 되자 앙심을 품고 1898년 9월 황제가 마시는 커피에 대량의 아편을 넣었습니다. 다행히 고종은 맛이 이상해진 커피를 마시지 않았지만 커피를 마신 태자와 일부 대신들이 정신을 잃고 쓰러지는 일이 벌어졌습니다.

김딴지 변호사   황제를 암살하려고 들었군요. 그런데 그 문제에 왜

  왜 독립 협회는 해산되었을까?

독립 협회가 관여한 것입니까?

정교   사건을 일으킨 김홍륙을 비롯한 공범자들의 처리 과정이 불합리했기 때문입니다. 대한 제국은 엄연히 형법에 의해 범죄자를 재판하게 되어 있습니다. 그런데 일부 관리들이 이 사건을 계기로 능지처참형이나 <mark>연좌제</mark> 같은 옛 악법을 부활시키려고 했습니다. 또한 공범인 공홍식이 감옥 안에서 칼로 목을 찔렀는데 자살을 기도한 것인지, 누가 찌른 것인지도 알 수 없었고, 자살을 기도한 것이라면 어떻게 감옥 안으로 칼을 가지고 들어갈 수 있었는지 등등의 의문점들을 속 시원하게 밝히지 않았습니다. 그리고 10월 10일 김홍륙을 비롯한 공범자들을 서둘러 처형했습니다.

김딴지 변호사   그러니까 사건의 전모를 제대로 밝히지 않고 서둘러 마무리한 셈이군요. 황제를 암살하려던 것은 큰 범죄인데, 그렇게 서둘러 사건을 마무리한 점이 석연치가 않군요.

정교   바로 그렇습니다. 그 문제로 협회는 계속 집회를 열었고, 이번 사건에 책임이 있는 일곱 대신의 사퇴를 요구했습니다. 결국 관철을 시켰지요.

김딴지 변호사   국민들의 요구를 정부가 수용하다니 당시로서는 대단히 충격적인 일이었겠습니다.

정교   보수파 대신들이 물러나고 새로 의정부 찬정(贊政)이 된 박정양은 주미 공사를 지내는 등 비교적 개화된 인물이어서 우리들도 기대를 많이 했습니다. 실제로 1898년 10월 궁궐 안으로 들어가 회

연좌제
범죄자와 일정한 관계의 친족에게 연대적으로 그 범죄의 형사 책임을 지우는 제도를 가리킵니다.

찬정
구한말 의정부의 관직입니다.

헌의 6조
독립 협회가 1898년에 개최한
만민 공동회에서 결의한 6개항
을 정부에 제출한 결의문입니다.

원들이 대신들과 머리를 맞대고 모임을 갖는 등 변화의 조짐이 보였지요. 그 결과 황제께서 중추원 관제의 개정을 명했고, 협회 회원들은 회의 끝에 11개조의 개정안을 제출했습니다.

김딴지 변호사   여기까지는 그래도 순조롭게 진행되었다고 볼 수 있군요.

정교   물론 50명의 중추원 의관 가운데 반수를 독립 협회 회원들이 투표로 선출하는 조항 때문에 말썽이 빚어지긴 했습니다. 정부에서는 보부상들이 모인 단체인 황국 협회에도 동등한 대우를 해야 한다고 주장해서 갈등이 벌어졌지만, 결국 10월 28일 종로에서 다시 만민 공동회를 열어서 우리들의 뜻을 다시 전달하기로 했습니다.

김딴지 변호사   이른바 '헌의 6조'라는 시국 개혁안이 이때 만들어진 것으로 알고 있습니다만…….

정교   공부를 많이 하셨군요. 맞습니다. ▶당시 집회에 참석했던 박정양, 한규설, 민영찬 같은 관료들도 찬성의 뜻을 나타냈지요. 10월 30일에 황제께서 헌의 6조와 이를 보완하는 5개항의 조칙을 모두 받아들이고, 더불어 중추원 의관의 절반인 25명을 독립 협회에서 선출하도록 지시하셨습니다. 그리고 11월 2일 중추원의 새로운 관제가 반포되었지요. 그날 회원들은 부푼 희망을 안고 집으로 돌아갔습니다. 11월 5일 독립관에서 투표를 통해 중추원 의관들을 선출하기로 하고 말이지요.

교과서에는

▶ 개혁 지향적인 일부 내각의 정부 대신들과 학생, 시민들이 참석한 가운데 관민 공동회가 1898년 10월에 열렸습니다. 여기서 관민이 협력하여 국정을 운영하자는 '헌의 6조'가 결의되지요.

김딴지 변호사　대단한 일을 해내셨네요.

　　김딴지 변호사의 말에 정교가 한숨을 푹 쉬었다. 한참
뜸을 들인 후 증인 정교가 말을 이었다.

익명서
글쓴이가 누군지 알 수 없는 글을 말합니다.

정교　하지만 11월 4일 밤, 광화문을 비롯한 큰길가에 **익명서**가
나붙었습니다. 11월 5일 독립 협회 회원들이 회의를 열어서 박정양
을 대통령으로, 윤치호를 부통령으로 선출하고, 내부대신으로는 나
를, 그 밖에 다른 대신들도 모두 협회 회원들 중에 뽑아서 나라를 공
화정으로 바꾼다는 내용이었습니다.

김딴지 변호사　벽보를 본 정부의 반응은 어땠습니까? 매우 궁금하
군요.

정교　마치 기다렸다는 듯 일사불란하게 움직이더군요. 보고를 받
은 황제는 곧장 체포 명령을 내렸고, 11월 5일 아침에 순검들이 나
를 비롯한 협회 회원들 중 주요 인물들을 체포했습니다. 그리고 협
회를 없애라는 황제의 지시가 떨어졌죠. 익명서에 언급된 박정양을
비롯해서 만민 공동회에 나가서 헌의 6조에 찬성한 대신들도 모두
파면되었습니다.

김딴지 변호사　헌의 6조가 채택된 것으로 믿고 해산했던 회원들로
서는 배신을 당한 셈이군요.

정교　분노가 이만저만이 아니었지요. 그 소식을 듣고 회원들은 우
리가 갇혀 있던 경무청 앞에 몰려와서 항의를 했습니다. 경무청뿐

아니라 고등재판소와 종로 거리를 가득 메우고 정부를 비
난하고 체포된 회원들의 석방을 촉구했습니다. 결국 11월
10일 나를 비롯한 열일곱 명이 태형 사십 대를 선고 받고
모두 풀려났습니다.

김딴지 변호사 그것으로 집회는 해산되었습니까?

정교 천만에요. 황제의 해산 명령을 거부하고 협회의 복설과 헌의
6조의 시행, 독립 협회를 탄압한 조병식, 민종묵, 유기환, 이기동, 김
정근의 처벌을 주장하면서 집회를 계속 열었습니다.

김딴지 변호사 그러다 황국 협회에 소속된 보부상들에게
공격을 받았군요.

정교 그렇습니다. 11월 21일 새벽에 보부상 1000여 명
이 종로에서 열리고 있던 만민 공동회를 습격했습니다. 정
부의 대답을 기다리고 있던 회원들은 졸지에 기습을 당하고 말았죠.
그 보부상들을 이끌고 죄 없는 백성들을 괴롭힌 자가 오히려 소송을
걸었다고 하니 통탄할 노릇입니다.

침통한 표정으로 얘기하던 증인 정교는 그때의 울분을 참을 수 없
다는 듯이 갑자기 피고석에 앉은 홍종우를 향해 소리쳤다.

정교 네 이놈! 사람이 잘못한 게 있으면 조용히 뉘우치는 것이 도
리이거늘 오히려 소송을 걸다니 천벌을 받고 말 거다!

증인의 돌발 행동에 놀란 판사가 입을 열려는 순간 원고석에 앉아
있던 홍종우도 지지 않고 벌떡 일어나서 소리쳤다.

홍종우 자칭 충군애국(忠君愛國) 하겠다는 자들이 도성 한복판에
진을 치고 관료들을 괴롭히고 군주를 핍박한다는 소식을 듣고 떨쳐
일어난 것이다. 너희들만 대한 제국의 백성이고 애국자들이냐? 나
역시 대역 죄인 김옥균을 처단한 애국자다!

정교 그래서 죄 없는 백성들에게 몽둥이찜질을 한 것이냐?

정부가 조직한 황국 협회와 만민 공동회의 충돌

홍종우　죄가 없다니? 해산하라는 명령을 무시한 것은 죄가 아니란 말이냐?

판사　둘 다 그만두지 않으면 법정 모욕죄로 처벌하겠습니다! 그만들 하세요.

　판사의 엄중한 경고에 원고 홍종우와 증인 정교가 모두 자리에 앉았다. 덩달아 소란해진 재판정 분위기가 가라앉기를 기다리던 판사가 김딴지 변호사에게 신문을 계속하라는 신호를 보냈다.

김딴지 변호사　증인의 심정은 이해하지만 여기서 소란을 피우는 것은 여러모로 좋지 않습니다. 진정하시고 조금 전 했던 얘기를 계속하시죠.

정교　알겠습니다. 아까 보부상들에게 습격을 받았다는 얘기까지 했죠? 그 소식을 들은 한성 백성들이 가담하는 바람에 사람들이 더 늘어났습니다. 혹을 떼려다 도로 붙인 격이죠. 격분한 백성들이 홍종우와 길영수의 집을 때려 부수고 황제의 해산 명령을 전하러 온 경무사와 한성 판윤을 쫓아냈습니다. 다음 날 종로에서 열린 집회에서는 참석자가 수만 명에 달했습니다. 결국 황제께서 독립 협회를 복설하라는 명령을 내리고 11월 26일 황제가 직접 독립 협회와 황국 협회 회원들을 불러서 대면하고 양측 얘기를 들었습니다.

김딴지 변호사　황제가 직접 백성들과 대면했다니 그 당시로서는

길영수
홍종우 등과 함께 황국 협회를 조직해서 만민 공동회 습격을 주도한 인물입니다. 후에 한일 의정서 체결을 반대했습니다.

경무사
구한말 좌우 포도청을 합쳐서 신설한 경무청의 책임자입니다.

한성 판윤
오늘날의 서울시장에 해당되는 관직입니다.

상상도 할 수 없는 일 아니었나요?

정교   물론입니다. 결국 11월 29일 독립 협회와 황국 협회의 주요 회원들이 중추원 의관으로 임명되었습니다. 하지만 여전히 헌의 6조가 시행될 기미가 보이지 않아서 결국 12월 6일 다시 만민 공동회를 열었습니다. 상황이 이렇게 돌아가자 ▶황제는 결국 무력으로 협회를 해산시키기로 하고, 외국 공사들에게 양해를 구한 후에 12월 23일, 군대와 보부상을 동원해서 고등재판소 앞에서 열리고 있는 만민 공동회를 강제로 해산시키고 주모자들을 체포하게 했습니다. 그렇게 독립 협회와 만민 공동회가 막을 내리고 말았습니다.

김딴지 변호사   그럼 증인은 황제와 정부가 왜 독립 협회를 해산했다고 보십니까?

정교   간신배들을 물리치고 나라를 바르게 운영하라는 우리들의 요구가 거슬렸던 것이겠죠. 그것이 자신들이 누리던 권력에 위협이 될 수도 있다는 생각에 무력으로 탄압하게 한 것입니다.

김딴지 변호사   말씀 잘 들었습니다. 증인의 얘기대로 독립 협회와 만민 공동회는 기울어져 가는 나라를 구하려고 했습니다만, 그것이 자신들의 권력을 유지하는 데 방해가 된다고 믿은 황제와 보수 세력의 음모로 인해 무력으로 해산되고 말았습니다. 그것으로 조선, 아니 대한 제국의 마지막 희망도 막을 내린 것입니다. 독립 협회가 해산되고 8년 후에 을사늑약이 체결되면서 조선은 일본의 보호국이 되었고, 13년 후에는 일본에 강제로 병합되고 말았습니다. 만약 위

정자들이 독립 협회와 만민 공동회에 모인 백성들의 목소리에 조금
만 귀를 기울였다면 이렇게 허무하게 나라를 빼앗기지는 않았을 것
입니다. 이상으로 증인 신문을 마치겠습니다.

　김딴지 변호사는 천천히 법정 한가운데로 걸어 나가 유창하게 증
인의 말을 정리했다. 김딴지 변호사의 말이 끝나자 독립 협회 출신
들이 우레와 같은 박수를 보내며 환호를 보냈다. 잠깐 진정되기를
기다렸던 판사가 이대로 변호사에게 물었다.

판사 원고 측 변호인은 반대 신문을 하시겠습니까?

이대로 변호사 물론입니다. 증인의 얘기를 들어 보면 독립 협회가 아무 사심 없이 시민운동을 전개하다가 탄압을 받은 것처럼 보입니다. 하지만 후대 학자들의 연구에 의하면 독립 협회는 피고와 부회장 남궁억을 중심으로 한 온건파와 안경수 계열의 급진파로 나눠졌고, 시간이 흐르면서 급진파가 주도권을 장악했다고 들었습니다.

　　이대로 변호사의 질문을 듣고 있던 김딴지 변호사가 자리를 박차고 일어났다.

김딴지 변호사 존경하는 판사님! 지금 원고 측 변호인은 학자들이 근거도 없이 추정한 내용을 마치 사실인 것처럼 얘기하고 있습니다.

판사 이의를 인정합니다. 사실이 아닌 추론으로 신문하는 것은 중지하시기 바랍니다.

이대로 변호사 알겠습니다. 그럼 질문을 바꿔 보도록 하겠습니다. 협회가 시간이 흐르면서 급진파들이 주도권을 잡은 것은 사실이죠?

정교 그렇습니다. 정부가 몇 번이고 약속을 뒤집으면서 온건파들의 입지가 약해졌지요.

이대로 변호사 독립 협회는 정부에 여러 차례 대신들의 해임을 촉구하고 당사자에게 편지를 보내서 스스로 물러나라고 했습니다. 이는 황제 고유의 인사권을 침해한 것으로 보입니다. 이런 식으로 대신들이 물러나면 정부의 권위가 흔들리게 되지 않을까요?

정교   우리는 아무 기준 없이 물러나라고 하지 않았습니다.

이대로 변호사   민주주의가 발달된 지금도 시민 단체의 압박 때문에 관료가 해임되는 경우는 드문 편입니다. 거기다 거듭된 해산 명령을 거부했던 것이 해산의 원인이 아니었을까요?

정교   우리도 처음에는 우리들의 요구를 수용하면 해산하려고 했지만 계속 거짓말을 했기 때문에 어쩔 수 없었습니다.

이대로 변호사   익명서 사건으로 체포된 열일곱 명을 석방했고, 헌의 6조의 시행도 약속했고, 중추원 의관의 절반 역시 독립 협회 회원들이 뽑도록 했습니다. 그런데도 철야 시위를 계속했으니 정부에서 위기감을 느끼는 건 당연한 거 아니겠습니까?

정교   앞에서는 들어준다고 해놓고 돌아서서는 익명서 사건 같은 걸 꾸미고, 보부상들을 동원해 습격하는 정부를 어떻게 믿고 해산합니까?

양쪽이 팽팽하게 맞서자 듣고 있던 판사가 끼어들었다.

판사   계속 같은 얘기만 반복되는군요. 오늘이 마지막 재판이라는 점을 잊지 마시기 바랍니다.

이대로 변호사   알겠습니다. 이걸로 반대 신문을 마치고 원고 측에서 소환한 증인의 얘기를 듣는 게 좋겠습니다.

판사   알겠습니다. 증인은 이제 돌아가셔도 좋습니다.

자리에서 일어난 정교가 피고석에 앉은 윤치호에게 격려의 눈빛
을 전하고는 법정 밖으로 나갔다.

왜 독립 협회는 해산되었을까?

급진파들의 과격한 행동

판사   그럼 원고 측 증인을 소환해서 증언을 들어 보도록 하겠습니다. 원고 측 증인은 앞으로 나와 선서를 해 주시기 바랍니다.

머리가 희끗한 증인이 법정으로 들어서자 방청석에 있던 독립 협회 출신의 방청객들이 그를 노려보았다. 하지만 법정으로 들어선 증인도 이에 질세라 방청석 한쪽을 무섭게 노려보았다. 심상치 않은 분위기를 읽은 판사가 입을 열었다.

판사   재판을 방해하는 행위는 엄벌에 처할 것입니다. 다들 조용하세요! 조용!

이용익   나는 진실만을 말할 것을 엄숙히 선서합니다.

임오군란

1882년(고종 19) 일본식 군제 도입과 민씨 정권에 대한 반항으로 한성의 하급 군병과 빈민층이 일으킨 폭동입니다.

이대로 변호사　흔쾌히 증언해 주시기로 해 주셔서 감사합니다. 우선 본인 소개를 부탁드리겠습니다.

이용익　함경도 명천에서 태어난 이용익이라고 합니다. 어릴 때 집이 찢어지게 가난해서 장사를 하러 전국을 떠돌아다녔지요. 그러다 **임오군란**을 맞아 장호원으로 피신한 명성 황후와 민영익 사이를 오가며 소식을 전하는 일로 신임을 얻었습니다. 그 일을 계기로 관직에 올랐고 황실의 재정을 담당하는 내장원경을 맡아 보았습니다. 외국인들의 광산 개발을 막고 국내 상권을 보호하는 일에 주력하는 등 외세, 특히 일본의 침략을 막는 일에 앞장섰습니다. 그러다 러일 전쟁이 벌어지면서 나를 미워하던 일본인들에 의해 강제로 납치당해서 1년 동안 일본에 머물러야 했지요. 러일 전쟁이 끝나고 귀국한 후에도 을사늑약 체결 반대 운동을 하다가 일본에 의해 쫓겨났습니다. 황제의 밀명을 받고 외국 열강들에게 대한 제국의 독립을 호소하다가 1907년 블라디보스토크에서 자객의 습격을 받고 눈을 감고 말았습니다.

이대로 변호사　대한 제국의 독립을 위해 애쓰다가 객지에서 돌아가셨군요. 하지만 독립 협회와는 악연이 좀 있다고 들었는데요?

이용익　악연뿐이겠습니까? 그들은 내가 백성들을 괴롭히는 탐관오리라면서 해임을 요구했습니다.

이대로 변호사　피고 측 증인은 독립 협회의 개혁 요구를 두려워한 정부의 탄압이 해산의 주요 원인이라고 주장했습니다. 맞는 말입니까?

이용익　천만에요. 그자들은 자신들이 정권을 잡기를 원했습니다.

이대로 변호사　무슨 근거로 그렇게 보시는 겁니까?

이용익　1898년 7월 9일자 『독립신문』 논설을 보면 우리 백성들이 배움이 없고, 애국심이 부족하고, 싸움을 할 줄 모르니 혁명 같은 건 꿈도 꾸지 말라고 했습니다. 자기들은 걸핏하면 백성들의 뜻을 내세워 대신들을 핍박해 놓고서는 정작 자신들은 백성들이 무식하고 나약하다고 비난한 겁니다. 그뿐만이 아니라 자신들을 제외한 단체가 정치에 참여하는 걸 반대하는 독선적인 모습도 보였습니다.

이대로 변호사　그게 사실이라면 좀 놀랍군요.

이용익　독립 협회의 활동에 자극을 받은 황국 협회에서 **하의원**을 개설하자고 청원한 적이 있습니다. 그러자 1898년 7월 29일자 『독립신문』 논설에서 무식한 자들이 정치에 참여하면 나라가 위태로워진다며 하의원은 백성들의 교육 수준이 높아진 다음에 설치해야 한다고 했습니다. 독립 협회는 자신들이 순수한 애국심에서 떨쳐 일어났다고 하지만, 위의 두 가지 사례를 보면 그들 자신이 정권을 장악하려는 속셈이 있었던 게 분명합니다.

이대로 변호사　증인이 얘기한 사례들이 사실이라면 정부 측에서 독립 협회를 의심할 수밖에 없었겠군요.

이용익　그뿐만이 아닙니다. 황제께서 백성을 사랑하는 마음으로 저들을 용서하고 요구를 모두 들어주신 것은 물론 중추원 의관으로도 뽑아 주셨습니다. 그렇다면 마땅히 감사한 마음으로 국가와 황제를 위해 일을 해야 하는데 감히 역적을 천거하는 오만한 짓을 저질

> **하의원**
> 양원제 의회에서, 국민이 직접 뽑은 의원으로 구성된 의회로 오늘날 하원의원과 같은 말입니다.

렀습니다.

이대로 변호사　처음 듣는 얘긴데 좀 더 자세히 말씀해 주실 수 있겠습니까?

이용익　독립 협회 회원들이 주축이 된 중추원 의관들이 엉뚱하게도 정부 관료들을 추천한다고 투표를 한 것입니다. 이는 중추원의 권한 밖의 일로 명백한 월권입니다. 그것뿐만이 아닙니다. 거기에 뽑힌 사람이 바로 박영효와 서재필입니다.

이대로 변호사　두 사람이 선출된 게 큰 문제가 되었습니까?

이용익　서재필은 미국 시민이었고, 박영효는 갑신정변을 일으켰다가 용서를 받고 귀국한 다음에 다시 역모를 꾸미다가 발각되어서 일본으로 도망친 죄인입니다. 외국인을 각료로 추천한 것도 모자라 역모 죄를 짓고 도망친 죄인을 버젓이 관료로 추천한 겁니다. 게다가 같은 날 만민 공동회에서 박영효를 추천했다는 사실을 널리 알리고 승인까지 받았습니다. 그것뿐인 줄 아십니까? 12월 13일부터는 정부가 자신들의 요구를 들어주지 않는다고 관청 앞에 진을 쳐서 출근을 못하게 하는 바람에 행정 업무를 완전히 마비시켰습니다. 거기다 관리들을 붙잡아다가 보부상과 한패라며 함부로 매질을 했습니다. 20일에 열린 민회에서는 군부대신을 지낸 민영기를 보부상들의 우두머리라고 지목하며 그를 체포하면 상금을 주겠다는 말까지 했습니다. 백성들에게 갑자기 자유를 주면 아무렇게나 행동하고 타인에게 폐를 끼칠 것이라고 해놓고서는 정작 자신들이 도를 넘어선 과격한 행동을 일삼은 겁니다.

　왜 독립 협회는 해산되었을까?

이대로 변호사 정말 점점 행동이 과격해졌군요.

이용익 12월 6일부터 종로에서 열린 만민 공동회에서는 보부상들의 습격을 막는다면서 왕십리와 안암동의 빈민 1200명을 고용해서 지키게 했습니다. 궁궐 코앞인 종로에 1000명이 넘는 사람들이 그렇게 모여 있다고 생각해 보십시오.

이대로 변호사 하지만 보부상들의 습격을 받았기 때문에 나름대로 대비책을 세운 것 아니었을까요?

이용익 그렇긴 합니다만 그때부터는 참가자들이 줄어서 굳이 충돌이 일어날 상황이 아니었습니다. 처음에는 그랬을지 모르지만 과격한 사람들이 목소리를 높이고 역적 박영효를 추천했다는 소식을 듣고 참가자들이 확 줄었습니다. 12월 3일 독립 협회가 회의를 소집했을 때 4000명이 넘는 회원들 중에 불과 271명만이 참가했습니다. 그러다 보니 6일 모임에는 빈민들을 고용할 수밖에 없었던 것이지요. 이 무렵부터 정말 불순한 목적을 가진 소수의 회원들이 마치 자신들이 백성의 의견을 대표하는 것처럼 횡포를 부렸던 것이지요.

이대로 변호사 결국 해산할 빌미를 제공한 것은 독립 협회 쪽이군요.

이용익 그렇지요. 그리고 놀라운 사실을 하나 더 알려 드릴까요? 독립 협회의 배후에는 일본과 박영효가 있었습니다.

이용익의 말이 끝나기가 무섭게 독립 협회 출신 방청객들이 일제히 일어나서 삿대질을 하며 고함을 질러댔다. 판사가 의사봉을 두드리며 진정시키고 나서 이대로 변호사에게 계속하라고 얘기했다.

이대로 변호사   정말 충격적인 증언이군요. 명확한 증거가 있는 말씀이겠지요?

이용익   물론입니다. 박영효는 대한 제국이 혼란에 빠진 틈을 이용해서 복귀할 생각을 가지고 있었습니다. 그래서 일본에 망명해 있던 사람들과 모금한 돈 수천 원을 독립 협회 회원인 안영수에게 송금했습니다. 그러니까 독립 협회가 정부를 압박하는 활동을 하면서 들어간 자금 중 일부가 박영효의 주머니에서 나왔다는 얘깁니다. 정부의 입장에서 보면 단순한 집회가 아니라 정권에 도전하는 음모가 아닐까 의심하기에 부족함이 없는 상황이었습니다. 만약 내 말이 믿겨지지 않는다면 피고에게 직접 물어보셔도 좋습니다.

이대로 변호사   존경하는 판사님, 독립 협회의 배후에 박영효가 있었다는 충격적인 증언을 방금 들었습니다. 당시 협회 회장이었던 피고에게 확인할 수 있도록 허락해 주시기 바랍니다.

판사   돌발적인 상황이긴 하지만 공정한 재판을 위해 인정하겠습니다.

이대로 변호사   감사합니다. 피고, 지금 증인이 한 말이 사실입니까?

이대로 변호사의 질문에 윤치호가 깊은 한숨을 내쉬며 곤혹스러운 표정으로 대답했다.

윤치호   나도 나중에 들었습니다. 하지만 박영효가 준 돈은 대부분 안영수와 유학주가 사용한 것으로 알고 있습니다.

이대로 변호사   답변 감사합니다.

이대로 변호사는 윤치호에게 살짝 고개를 숙여 감사함을 표하고는 다시 증인석 쪽으로 걸어왔다.

이대로 변호사   그러니까 독립 협회의 해산은 1898년 12월 6일부터 재개된 만민 공동회의 과격함과 중추원 의관으로 선출된 협회 회원들이 역적으로 규정되어 있던 박영효를 천거한 것 같은 돌발 행동 때문에 벌어진 일이라는 말씀이군요.

이용익   그렇습니다. 그리고 독립 협회가 백성들을 대표한다는 것도 문제가 있습니다. 협회 회원들이라고 해 봤자 한성 사람들 중 아주 일부에 불과했습니다. 지방 사람들은 일체 배제되었고, 보부상들도 외면했으며, 유생들과도 거리를 뒀습니다. 협회가 정말 백성들의 지지를 받았다면 1000명이 넘는 빈민들을 고용해서 지키게 할 필요가 있었겠습니까? 그리고 독립 협회는 훗날 초대 통감이 된 이토 히로부미가 방문했을 때 극진히 대접하고 선물까지 주었던 적이 있습니다. 그래 놓고서는 어떻게 대한 제국의 자주독립을 위해 애를 썼다고 주장하는지 모르겠습니다.

이대로 변호사   그게 사실입니까?

이용익   1898년 8월에 한양에 온 이토 히로부미를 환영하는 만찬 자리에 윤치호를 비롯한 독립 협회의 주요 회원들이 참석해서 칭송하는 시를 지었습니다. 이토 히로부미가 정부에 요구한 경부 철도 부설권에 대해서는 입을 다물었고, 떠나갈 때는 독립문이 새겨진 은제 찻잔까지 선물해 줬습니다. 피고도 그 자리에 참석했으니 잘 알 것입니다.

이대로 변호사가 피고를 쳐다보자 윤치호가 작게 고개를 끄덕거렸다. 방청석에서는 탄식이 흘러나왔다. 모두들 혼란스런 표정이었다.

이대로 변호사　참으로 놀라운 사실들을 많이 듣는군요. 증인의 얘기가 사실이라면 독립 협회는 과격한 시위로 정부를 혼란시켰고, 역적으로 규정된 박영효를 대신으로 임명하라고 추천하는 등 돌발 행동을 거듭했습니다. 만민 공동회의 이런 움직임에 백성들의 지지는 급격히 떨어졌고, 결국 해산의 길을 걷게 된 것입니다. 물론 독립 협회와 만민 공동회를 강압적으로 해산시킨 것은 사실이지만 그 원인은 바로 내부의 혼란과 갈등, 그리고 당시로서는 용납되기 힘든 과격파의 행동 때문이었다는 점을 명백히 밝힙니다. 이상으로 신문을 마치겠습니다.

판사　수고하셨습니다. 피고 측 변호인은 반대 신문을 하시겠습니까?

김딴지 변호사　반대 신문을 하지 않겠습니다.

판사　알겠습니다. 이제 증인은 자리로 돌아가셔도 좋습니다.

왜 독립 협회는 해산되었을까?

3

러시아와 일본의 간섭

판사   그럼 피고 측이 신청한 마지막 증인만 남았군요. 시간이 얼마 없으니 서둘러 주시기 바랍니다. 피고 측 증인은 누구입니까?

김딴지 변호사   대한 제국이 멸망하는 과정을 쓴 ▶『한국통사』의 저자 박은식입니다.

판사   그렇습니까? 증인은 앞으로 나와 선서를 해 주시기 바랍니다.

박은식   나는 진실만을 말할 것을 선서합니다.

김딴지 변호사   나와 주셔서 감사합니다. 일단 간단한 본인 소개를 부탁드리겠습니다.

박은식   나는 본래 한문을 배우고 향시에 합격해서 능참봉을 하던 선비였는데, 한성에 살면서 독립 협회에 가입해 활동을 하면서 세상 돌아가는 이치를 조금 알게 되었지요.

교과서에는

▶ 박은식과 신채호는 민족 의식을 강조하는 민족주의 사학을 발전시킵니다.

장지연
대한 제국의 애국 계몽 운동가
겸 언론인으로 1905년 을사늑
약이 체결된 후인 11월 20일
『황성신문』에 을사조약을 규탄
하는 「시일야방성대곡」을 실었
다가 투옥되었습니다.

영사
외국에 있으면서 본국의 무역 통
상의 이익을 도모하며 자국민의
보호를 담당하는 공무원을 말합
니다.

장지연 선생이 창간한 『황성신문』의 주필로 일했습니다. 일본에게 국권이 침탈된 다음 해인 1911년에 만주로 망명하면서 본격적인 독립운동을 하였지요. 3·1운동이 벌어지고 상하이에 임시 정부가 세워지면서 초대 대통령인 이승만의 뒤를 이어 제2대 대통령이 되었습니다.

김딴지 변호사 증인이 쓰신 『한국통사』는 구한말의 우리 역사를 알 수 있는 귀중한 자료이기도 합니다. 증인은 독립 협회 회원으로서 해산되기까지의 과정을 직접 지켜봤습니다. 증인이 보기에 독립 협회가 해산된 원인은 어디에 있을까요?

박은식 외국 세력들 때문입니다.

김딴지 변호사 외국 세력들이라면 구체적으로 어디를 말하는 겁니까?

박은식 러시아와 일본 영사들입니다. 둘 다 독립 협회를 아주 싫어했습니다.

김딴지 변호사 그것은 독립 협회가 이권을 넘겨주는 걸 반대했기 때문입니까?

박은식 두 나라 모두 자국의 영향권 아래에 대한 제국을 두고 싶어 했습니다. 그런데 독립 협회가 이를 반대하니 싫어할 수밖에요. 그래서 러시아의 스페이어 공사는 자신처럼 독립 협회를 미워한 조병식을 법부대신으로 추천해서 우리를 탄압했습니다. 러시아가 이런 간접적인 방식을 썼다면 일본은 좀 더 노골적으로 나왔습니다. 당초 일본은 독립 협회가 러시아를 견제할 때만 해도 쌍수를 들고 환영했습니다. 그런데 독립 협회의 요구대로 대한 제국이 개혁을 하

게 되면 자신들이 침략하는 데 방해가 된다고 생각하고 정부에 무력

탄압으로 해산시키라고 부추겼습니다.

김딴지 변호사   구체적인 증거가 있습니까?

박은식   물론입니다. 일본 전권공사 가토 마쓰오가 1898년 12월

15일과 18일에 황제를 알현한 자리에서 일본에서도 메이지 유신 초

기에 군대로써 민회를 제압한 일이 있다면서 무력행사를 은근히 종

용한 적이 있습니다. 타국의 영사들이 모두 군대 투입을 반대한 상

황에서 유일하게 찬성한 것이죠.

김딴지 변호사   독립 협회의 활동이 자국의 이익에 반했기 때문에

정부 뒤에서 조종해서 해산시킨 거란 말이군요.

박은식   그렇습니다. 독립 협회에서 백성들에게 민족의식을 심어

주면 자신들에게 저항할 것을 우려한 것이지요. 서재필이 미국에서

돌아와 『독립신문』을 발행하려고 준비했을 때 러시아 공사 웨버와

일본의 고무라 주타로 공사가 뭐라고 한 줄 아십니까? 조선 백성들

에게 민권 사상 같은 것을 전파하지 말라는 것이었습니다.

김딴지 변호사   그들이 왜 그런 얘기를 했을까요?

박은식   그러니까 백성들이 깨우치고 단결하는 것을 막으려고 한

겁니다. 자신들이 쉽게 조종할 수 있도록 말입니다.

김딴지 변호사   독립 협회가 자신들에게 방해가 된다고 판단하고

정부를 움직여서 탄압을 가한 것이군요.

박은식   물론 만민 공동회가 너무 급진적이었기 때문에 해산된 것

은 사실입니다. 하지만 근본적인 원인은 조선을 차지하려던 러시아

와 일본의 간섭과 방해 공작 때문입니다. 그들은 우리들이 깨우치고, 뭉치고, 저항하는 걸 두려워했고, 독립 협회가 그 구심점이 되는 것을 싫어했습니다.

박은식이 열띤 어조로 말하고 나서 긴 탄식을 내뱉자 재판정 안의 분위기도 숙연해졌다. 여기저기서 한숨 소리만 흘러나왔다.

김딴지 변호사　말씀 잘 들었습니다. 러시아와 일본이 왜 독립 협회를 증오하고 정부를 부추겨서 해산하라고 했는지 모두들 잘 들으셨으리라 믿습니다. 물론 만민 공동회가 오랜 기간 이어지면서 과격한 의견들이 나왔고, 실수도 적지 않았습니다. 하지만 그런 문제만 가지고 독립 협회와 만민 공동회의 해산이 정당하다고 얘기할 수는 없다고 생각합니다. 이것으로 증인 신문을 마치겠습니다.

판사　그럼 원고 측 변호인은 반대 신문을 하시겠습니까?

이대로 변호사　하지 않겠습니다.

판사　알겠습니다. 이것으로 오늘의 재판을 마치도록 하겠습니다. 오늘 양측 모두 독립 협회가 왜 해산되었는지에 대한 얘기를 진지하게 해 주셨습니다. 그럼 잠시 휴식을 취한 뒤에 소송 당사자들의 최후 진술을 듣는 시간을 갖겠습니다. 모두들 수고 많으셨습니다.

일본의 근대화, 메이지 유신

　1853년 함대를 이끌고 나타난 미국의 페리 제독에 의해 개항을 하게 된
일본은 미국을 비롯한 서구 열강들과 차례로 조약을 맺게 됩니다. 열강의 간
섭이 심해지면서 위기감을 느낀 하급 무사들을 중심으로 당시 일본을 통치하
던 에도 막부(江戶幕府)를 무너뜨리고 천황을 중심으로 한 중앙 집권 체제로
전환시키고자 하는 움직임이 일어납니다. 결국 1867년 양측의 치열한 내전
끝에 에도 막부가 천황에게 통치권을 이양하는 대정봉환(大政奉還)이 이뤄집
니다. 이후 일어난 일련의 개혁 정책들을 당시 통치하던 메이지 천황의 이름
을 따서 '메이지 유신'이라고 부릅니다. 일본 정부는 급속한 서구화 정책을 채
택했고, 대대적인 군대와 재정, 행정 체계 등의 개편이 이루어졌습니다.

　내부 개혁을 이룬 일본 정부는 운요호 사건을 빌미로 1875년 대만에 출병
했고, 조선과는 1876년 강화도 조약을 체결하는 등 주변국에 대한 침략에 나
섭니다. 1894년 청나라와의 전쟁에서 승리하면서 조선과 대만에 세력 확장에
성공하지만 러시아가 주축이 된 삼국 간섭에 의해 만주 지역에 대한 이권은 포
기합니다. 이후 러시아의 남진 정책을 두려워한 영국과 1902년 영일동맹을
맺고, 1904년 러시아와 전쟁을 벌여 승리한 일본은 1910년 대한 제국을 강제
로 합병합니다. 일본은 제1차 세계대전을 계기로 급속한 경제성장을 이루지만
중국에 대한 노골적인 침략을 벌임으로써 국제적인 고립을 자초합니다. 결국
1942년 진주만 기습을 시작으로 미국과 태평양 전쟁을 벌이지만 1945년 8월
원자폭탄 두 발을 맞고 항복하고 맙니다.

다알지 기자

안녕하십니까? 다알지 기자입니다. 재판 마지막 날인 오늘은 독립 협회가 해산된 원인과 책임을 가리기 위해서 정교와 이용익, 그리고 박은식이 증인으로 참석했습니다. 피고 측 증인으로 출석한 정교는 당시 정부가 간신배들을 비판하고 나라의 운영을 걱정하는 독립 협회를 해산했다고 비난했습니다. 박은식은 독립 협회의 활동을 두려워한 일본과 러시아 공사가 정부에 압력을 넣어서 해산시켰다는 주장을 펼쳤습니다. 이에 대해 원고 측 증인으로 출석한 이용익은 독립 협회의 소수 급진파가 권력을 잡기 위해 만민 공동회를 이용하여 왕권을 위협하려 했다고 했습니다. 또한 정당한 절차를 거치지 않고 시위를 통해 압력을 넣었으며, 황제의 해산 명령에 거듭 불복한 것도 모자라 역적으로 몰렸다가 일본에 망명 중인 박영효를 천거하는 등 법률을 위반했기 때문에 해체된 것이 당연하다는 주장을 제기했습니다. 오늘 새로운 사실들을 폭로하며 법정을 뜨겁게 달구었던 양측의 증인들 중 정교와 이용익 증인을 모시고 좀 더 자세한 얘기를 들어 보도록 하겠습니다.

독립 협회는 만민 공동회를 열어서 대중의 의견을 모아 정부에 전달했습니다. 하지만 정부는 헌의 6조를 받아들이고, 독립 협회에서 중추원 의관의 절반을 선출하기로 약속해 놓고는 익명서를 조작하여 독립 협회를 모함하고 이 거짓 사건을 빌미로 탄압했습니다. 그리고 보부상들을 동원해서 만민 공동회에 있던 사람들을 공격했습니다. 사태가 평화적으로 해결된 후에도 헌의 6조를 실행하지 않고 독립 협회와 만민 공동회를 무력으로 해산시켰습니다. 그 배경에는 러시아와 일본 영사들의 간섭과 방해 공작이 있었습니다. 그들은 독립 협회가 열강의 인권 침탈을 비판하고 백성들을 계몽시키는 것을 우려했기 때문에 독립 협회의 일을 방해한 것입니다. 지금도 그때 일을 생각하면 안타까울 뿐입니다.

정교

이용익

독립 협회는 만민 공동회를 통해서 민권을 주장했으면서 정작 자신들은 무식하고 나약한 백성들은 아무것도 할 수 없다며 무시했습니다. 또한 황국 협회의 하의원 개설 청원을 외면했으며, 역모죄를 짓고 도망친 박영효와 미국인인 서재필을 추천하는 등 정부와 법을 무시하는 태도를 취했습니다. 박영효를 추천했다는 사실이 알려지면서 반감을 가진 백성들이 만민 공동회에 모이지 않자 빈민들을 고용해 놓고 마치 백성들의 의견인 것처럼 과장을 했습니다. 이와 같은 이유 때문에 독립 협회를 해산할 수밖에 없었으며, 당시 법률에 의하면 정당한 결과였다고 생각합니다. 그런데 자신들의 잘못은 생각하지도 않고 부당한 탄압을 당했다고 주장하는 모습을 보니 분통이 터집니다.

왜 독립 협회는 해산되었을까?

독립 협회는 많은 잘못을 저질렀습니다

vs

독립 협회는 대한 제국의 마지막 희망이었습니다

판사　잘들 쉬셨습니까? 그동안 양측 모두 고생이 많았습니다. 이제 마지막 순서로 최후 진술만을 남겨 놓고 있습니다. 재판 기간 동안 마음속에 담아 두었던 얘기가 있다면 속 시원하게 얘기할 수 있는 시간이 될 것입니다. 그럼 원고 측 얘기부터 들어 보겠습니다. 준비되셨습니까?

홍종우　막상 재판이 끝난다고 하니까 시원섭섭하군요. 재판 기간 동안 보셨듯이 독립 협회는 순수한 단체가 아니었습니다. 자신들만의 정권을 세우기 위해 과격한 시위와 협박을 서슴지 않았던 집단입니다. 오직 자신들만이 옳다는 아집에 사로잡혀 권한에도 없는 역적을 천거하고, 관리들을 함부로 대하고 괴롭혔습니다. 독립 협회는 순수한 애국심으로 모였다고 하기에는 너무나 많은 잘못을 저질렀고, 그 결과 해산된 것입니다. 물론 그들의 애국심을 의심하지는 않습니다. 하지만 애국심은 그들만의 것이 아닙니다. 또한 뜻이 옳다고 방법이 잘못된 것을 용납할 수는 없는 노릇입니다. 나는 독립 협회가 잘한 점만이 부각되는 것은 옳지 않다고 믿었기에 이 소송을 제기했던 것입니다. 부디 현명한 판결을 내려 주시기를 바랍니다.

판사 잘 들었습니다. 이번에는 피고의 최후 진술을 들도록 하겠습니다.

윤치호 재판이 진행되는 동안 과연 우리가 했던 방식이 옳았는지 곰곰이 다시 생각해 봤습니다. 결론은 경험과 능력의 부족으로 실수를 하긴 했지만 방법 자체만큼은 옳았다는 것입니다. 당시 조선은 허울 좋게 제국을 선포하고 임금이 황제의 자리에 올랐을 뿐 현실은 처참한 상황이었습니다. 이에 독립 협회는 외국 열강들의 횡포를 막고 백성을 하나로 뭉치게 하는 구심점이 되고자 했습니다. 조선 역사상 백성들이 그렇게 모여서 한 목소리를 낸 것은 처음 있는 일이었습니다. 이들에게 민권이 무엇인지, 나라가 부강하려면 뭘 해야 하는지를 제대로 깨우쳐 줬다면, 대한 제국은 그렇게 비참한 최후를 맞이하진 않았을 겁니다. 하지만 할 일은 너무 많았고, 발목을 잡는 세력들은 강력했습니다. 독립 협회는 그들의 야심과 속마음을 간파하지 못했고, 좌충우돌하는 젊은이들에게 휘둘렸기 때문에 무너지고 말았습니다. 참으로 비통한 일이 아닐 수 없습니다. 나라를 지켜 내지 못하고 결국 일본의 식민지가 되었다는 점에 통렬히 책임감을 느끼지만, 그렇다고 하더라도 독립 협회가 이루려고 했던 원래의 목적마저 왜곡하지는 말았으면 합니다. 부디 현명한 판결을 해 주시기 바랍니다.

판사   역사의 진실을 밝히는 일은 언제나 어렵다는 것을 재판을 할 때마다 하게 됩니다. 이제 양측의 변론과 증인들의 증언과 최후 진술을 모두 들었습니다. 이를 토대로 4주 후에 최종 판결을 내리도록 하겠습니다.

   땅! 땅! 땅!

역사공화국 한국사법정 재판 번호 49 홍종우 vs 윤치호

주문

본 역사공화국 한국사법정은 다음과 같이 판결한다. 독립 협회가 해산된 것은 협회 내부의 갈등이나 정권을 독점하려 한 위법 행위 때문이 아니라, 당시 대한 제국의 최고 통치권자인 황제와 정부 각료들이 결정한 무력 탄압 때문이었다. 최종적으로 군대를 동원해 강제 해산을 명한 정부 측과 무력 탄압을 종용한 일본과 러시아 공사에게도 간접적인 책임이 있다고 판결한다.

판결 이유

1896년 7월 설립한 독립 협회는 백성들에게 민족의식을 심어 주기 위해 노력했으며, 아울러 국가의 자주독립을 위해 외국 열강의 간섭에 반대하는 활동을 했다. 만민 공동회 활동 기간 중에 해산 명령을 거부하고 관청 앞에서 관리들의 출근을 저지하고, 그리고 과격한 행동을 하는 등 몇 가지 문제점을 노출했다. 또한 당시 반역자로 규정된 박영효를 대신으로 천거하거나 그의 자금을 받은 사실도 드러났다. 이런 것들은 당시 독립 협회의 개혁 요구를 자신들에 대한 도전으로 받아들였던 황제와 정부 각료들의 눈에는 위험하게 비춰졌을 가능성이 높다.

하지만 이것이 독립 협회의 활동 목적에 문제가 있거나 정권을 독차지하려는 속셈이 있었다는 것으로 해석할 수는 없다. 박영효의 자금을 받고 그를 대신 후보로 천거한 것은 당시 법률과 관념으로는 문제였던 것은 사실로 인정되지만, 이는 박영효가 독립 협회의 활동을 이용해서 자신의 목적을 이루려고 한 것이다. 『독립신문』을 비롯한 몇 가지 매체에 나온 협회 지도부의 모순된 생각들, 예컨대 열강에게 이권을 분배하는 것을 찬성했거나 외국군의 주둔을 허용한 것은 통념상 문제가 되지만, 당시 정황상 어느 정도 인정되는 부분이며, 피고를 비롯한 당사자들도 그 문제에 대해서는 잘못 판단하였음을 인정했다. 이처럼 협회의 과격한 행동이 문제가 된 것은 사실이지만 당초 황제와 정부가 약속한 개혁 요구를 익명서 사건을 빌미로 탄압한 것이 시작이었기 때문에 전적으로 협회의 잘못은 아니라고 판단된다. 당시의 정서나 법률상으로 볼 때 독립 협회의 해산이 법적으로 정당했을지는 모르지만 역사라는 큰 틀을 놓고 봤을 때는 분명히 잘못된 일이다.

이에 본 역사 법정은 독립 협회가 해산된 책임은 당시 정부와 최고 통치권자인 황제, 그리고 이들에게 협회의 해산을 종용한 외국 열강들, 구체적으로는 러시아 공사 웨버와 일본 공사 가토 마쓰오에게 있다고 판결한다.

역사공화국 한국사법정 담당 판사 공정한

"역사의 교훈을 기억하라"

"당시는 지금 사람들은 차마 상상하기조차 힘든 시절이었던 것 같습니다."

이대로 변호사의 말에 홍종우가 고개를 끄덕거렸다.

"후손들이 그때의 일들을 너무 빨리 잊어버리는 건 아닌지 안타까운 마음입니다."

"하지만 지금 사람들도 이번 재판을 흥미롭게 봤다면 그러진 않을 겁니다."

"제발 그랬으면 좋겠습니다. 전 이만 패자들의 마을로 돌아가겠습니다. 그동안 수고 많았습니다."

이대로 변호사의 손을 놓은 홍종우가 돌아서려는 찰나 윤치호가 불쑥 나타났다.

"아니, 자네가 여긴 웬일인가?"

"잠깐, 둘 다 나와 함께 가야 할 곳이 있네."

"어디로 말인가?"

"어디긴. 저승에서도 만민 공동회가 열리고 있는 거 모르나? 자넬 데려오라고 난리도 아닐세. 어서 가세."

"저기, 재판이 다 끝났는데 이렇게까지 할 필요가 있습니까?"

발끈한 이대로 변호사가 홍종우의 손목을 낚아챈 윤치호에게 말했다. 그러자 뜻밖에도 윤치호가 빙그레 웃더니 말했다.

"왜? 죄인이라고 잡아다가 몰매라도 칠 것 같았나? 이번 만민 공동회 주제는 '역사를 기억하라'일세."

"역사를 기억하라, 라고?"

"그렇네. 조상들이 어떻게 살아왔는지, 무슨 일을 했는지 모른다면 같은 일은 또 반복되고 말걸세. 지금의 세상을 보게나. 비록 광복은 했지만 나라는 두 동강이 났고, 옛날 대한 제국을 노리던 열강들도 여전히 건재하다네. 정신을 똑바로 차리지 않으면 언제 그 같은 꼴을 또 당할지 모르는데 후손들은 먹고 사는 일에만 너무 열중하는 것 같아서 말이야."

"그렇긴 합니다."

이대로 변호사가 고개를 끄덕거렸다.

"그래서 다시 만민 공동회를 열기로 했네. 비록 몸은 저승에 있지만 이승이 존재해야 우리도 있는 것 아니겠나. 그래서 회원들을 설득해서 승자들의 마을로 보내 달라고 개최한 만민 공동회 주제를 바꿨다네. 그러니 자네들도 함께 가세. 이번 재판에 참석한 영혼들은 벌써 다들 와 있다네."

"그럼 꼭 참석해야겠군요."

이대로 변호사의 말에 홍종우가 힘차게 고개를 끄덕였다.

서울 서대문구 독립공원

서울 지하철을 타고 3호선 독립문역에서 내리면 독립 협회와 깊은 관련이 있는 장소인 '독립공원'을 만날 수 있습니다. 독립공원에는 울창한 나무와 꽃들이 있어 시민들에게 쉼터가 되어 줄 뿐만 아니라, 독립문, 서재필 동상, 독립관 등이 있어 구한말 당시 독립 협회의 숨결을 느껴 볼 수 있지요.

독립문은 독립 협회가 중심이 되어 조선이 독립국임을 상징하기 위해 중국 청나라 사신을 맞이하던 영은문을 헐고 그 터에 지은 문입니다. 화강암으로 구성되어 있으며, 프랑스 파리의 개선문을 모델로 삼아 만들어진 것으로 알려져 있습니다. 독립문의 현판은 이완용이 썼고, 그 아래에는 대한 제국 황실의 문양인 오얏꽃, 즉 이화 무늬가 장식되어 있지요.

독립문 근처에는 독립 협회를 만든 서재필의 동상도 볼 수 있습니다. 갑신정변을 일으켰으나 실패하고 서재필은 미국으로 망명을 떠납니다. 이후 귀국하여 『독립신문』을 발행하고, 독립 협회를 조직합니다. 독립공원에 오면 바로 서재필을 기념하는 동상을 볼 수 있지요. 또한 서재필 동상을 지나서 조금만 걸으면 독립 협회와 깊은 관계가 있는 장소인 '독립관'도 찾아볼 수 있습니다. 원래 독립관 건물은 조선 시대

중국의 사신을 대접하던 '모화관'으로 사용했던 곳입니다. 이후 이 건물은 독립관이라는 현판을 하사받아 독립 협회의 사무실 겸 집회소로 사용되었지요. 1898년 말까지 이곳에서는 매주 토론회가 열렸으며 국민들을 계몽하는 장소로 사용되었습니다. 하지만 일제에 의해 강제 철거되기도 한 아픔을 간직한 장소입니다.

사적 제32호인 독립문과 독립관이 있는 독립공원은 1992년 개원한 공원입니다. 이렇게 독립공원이 만들어짐으로써 그동안 시민들의 접근이 제한되었던 독립문 역시 112년 만에 시민들에게 개방되었지요.

찾아가기 주소 서울시 서대문구 통일로 251 지하철 3호선 독립문역
전화번호 02-364-4686

독립공원

독립공원의 서대문 형무소 역사관

『역사공화국 한국사법정 49 왜 독립 협회는 해산되었을까?』와 관련한 논술 문제를 풀어 봅시다.

※ 다음 제시문을 읽고 물음에 답하시오.

(가) 원산은 함경남도 덕원군에 위치한 항구 도시입니다. 1880년에 개항된 이후 부쩍 일본인들의 경제 활동이 활발해졌습니다. 그러다 보니 원산 주민들은 외세의 침입을 직접 겪게 되고, 어느 누구보다 신지식을 교육하고 인재를 양성해야 한다는 의식을 갖게 되었지요. 그래서 원산 주민들은 덕원 부사인 정현석에게 근대 학교를 설립해 줄 것을 요청합니다. 그리하여 기금을 모으고 개화파 관료의 지원을 받아 학교를 세우게 됩니다. 이 학교가 바로 한국 최초의 근대식 학교이자 최초의 사립 학교인 '원산 학사'랍니다. 원산 학사는 배움을 얻고자 하는 사람이면 누구든 입학할 수 있었고, 실학과 외국어, 기술 등 신지식을 가르쳤지요. 또한 외국인의 힘을 빌리지 않고 우리 힘으로 세운 학교라는 점에서 원산 학사는 그 의의가 크다고 하겠습니다.

(나) 미국 공사관의 의사로 있던 미국인 호레이스 알렌은 갑신정변

당시 개화파의 공격으로 크게 다친 명성 황후의 조카 민영익을 치료해줍니다. 이 일로 왕의 주치의로 뽑혔지요. 이후 알렌은 왕실의 도움을 받아 1885년 우리나라 최초

광혜원

의 근대식 의료 기관인 '광혜원'을 세우게 됩니다. 광혜원은 통리교섭통상사무아문에 소속되어 있었으며, 광혜원의 원장은 '광혜원당랑'으로 불렸습니다. 광혜원은 이후 제중원으로 이름을 바꾸고 선진 의료 기술을 도입하여 여러 가지 의료 사업을 펼치게 됩니다. 이듬해인 1886년에는 양반 자제 중에서 학생 16명을 선발하여 그중 12명이 본과에 진급하였는데, 이를 한국 근대 의학 교육의 시초로 보지요.

1. (가)는 원산 학사가 세워지게 된 과정에 대한 내용이고, (나)는 광혜원이 세워지게 된 과정에 대한 내용입니다. 각각의 글을 읽고, 당시 시대적 배경과 국민들의 인식 전환에 관해 써 보시오.

※ 다음 제시문을 읽고 물음에 답하시오.

(가) 우리가 『독립신문』을 오늘 처음으로 출판하는데, 조선 속에 있는 내외국 인민에게 우리의 주의를 미리 말씀하여 아시게 하노라.

　우리는 첫째, 편벽되지 아니한고로 무슨 당에도 상관이 없고, 상하 귀천을 달리 대접하지 아니하고, 모두 조선 사람으로만 알고, 조선만을 위하여 공평히 인민에게 말할 터인데, 우리가 한성 백성만 위할 것이 아니라 조선 전국 인민을 위하여 무슨 일이든지 대언(대신 말하여)하여 주려 함이다. 정부에서 하시는 일을 백성에게 전할 터이요, 백성의 정세를 정부에 전할 터이니, 만일 백성이 정부의 일을 자세히 알고, 정부에서 백성의 일을 자세히 아시면, 피차에 유익한 일만 있을 것이요, 불평한 마음과 의심하는 생각을 설명할 터이다.

　우리는 바른 대로만 신문을 할 터인고로, 정부 관원이라도 잘못하는 이 있으면 우리가 말할 터이요, 탐관오리들을 알면 세상에 그 사람의 행정을 펴일 터이요, 사사로운 백성이라도 무법한 일을 하는 사람은 우리가 찾아 신문에 설명할 터이다.

또 한쪽에 영문으로 기록하기는 외국 인민이 조선 사정을 자세히 모른즉, 혹 편벽된 말만 듣고 조선을 잘못 생각할까 보아 실상 사정을 알게 하고자 하여 영문으로 조금 기록한다.

그러한즉 이 신문은 꼭 조선만 위함을 가히 알 터이요, 이 신문을 인연하여 내외, 남녀, 상하 귀천이 모두 조선 일을 서로 알 터이다.

—『독립신문』 창간사

(나) 신들은 나라의 나라 됨이 둘이 있으니, 자립(自立)하여 타국에 의뢰하지 않는 것이요, 자수(自修)하여 한 나라에 정치를 행하는 것이라고 생각합니다. 이 두 가지는 하느님께서 우리 폐하에게 주신 바의 하나의 대권입니다. 이 대권이 없은즉 그 나라가 없습니다.

—『독립신문』, 1898년 3월 21일

(다) 조선에서는 해·육군을 많이 길러 외국이 침범하는 것을 막을 까닭도 없고, 다만 나라 안에 해·육군이 조금 있어 동학이나 의병 같은 지방의 도둑 떼나 평정시킬 만하면 넉넉하다. 만일, 어떤 나라가 조선을 침범하고자 하여도 조선 정부가 세상에 행세만 잘했을 것 같으면 조선을 다시 남의 나라 속국이 되게 가만

둘 리가 없다. 그러므로 조선에서 외국과 싸움할 염려가 없는데, 만일 조선이 싸움이 되도록 일을 할 것 같으면 그때는 화를 면하지 못할 것이다.

—『독립신문』, 1899년 5월 5일

2. (가)~(다)는『독립신문』에 실린 내용 중 일부입니다. 이 내용을 보고 『독립신문』의 의의와 한계에 대해 써 보시오.

왜 독립 협회는 해산되었을까?

해답 1 (가)는 원산 학사와 관련된 내용으로, 원산 학사는 종래 한국 최초의 근대 학교로 알려진 배재 학당보다 2년 앞서 설립되었습니다. 배재 학당이 미국의 선교사 아펜젤러가 세운 것과 달리, 원산 학사는 우리 국민들 스스로가 필요에 의해서 세운 것이라는 점에 주목해야 합니다. 새로운 세대에게 새로운 지식을 교육하여 외국의 도전에 대응하고자 한 것이지요. 이는 서양 열강의 침략 속에서 스스로 살아남고자 한 지혜로운 깨달음이라고 볼 수 있습니다.

(나)는 우리나라 최초의 현대식 병원인 광혜원에 관련된 내용으로, 선교사에 의해 개설되었다는 점이 특징입니다. 하지만 이 내용을 살펴보면 왕실에서도 근대적인 치료 방법을 인정했다는 점을 알 수 있으며, 양반들 역시 자신의 자제에게 의료 기술을 가르칠 정도로 생각의 변화가 많이 있었음을 알 수 있습니다.

이렇게 급변하는 시대적 상황 속에서 국민들은 스스로 노력하기도 하고, 또 변하기도 하면서 바뀐 세상에 적응하기 위해 노력을 게을리 하지 않았습니다.

해답 2 (가)의 『독립신문』 창간사를 보면 왜 『독립신문』을 만들게 되었는지 그 이유를 알 수 있습니다. 우선 『독립신문』은 한쪽에 치우쳐서 만들지 않고 "조선 전국 인민을 위하여" 만들고자 하였습니다. 그래서 정부의 일을 백성에게 전하고, 백성의 일을 정부에게 전하는 가교가 되고자 하였지요. 또한 바른 대로만 신문을 만들어 탐관오리는 물론 무법한 일을 한 사람을 찾아서 밝히고자 하였습니다. 그리고 외국 인민에게도 조선의 사정을 알리고자 영문으로 기록한다고 밝혔습니다. 이처럼『독립신문』은 나라 안의 눈과 귀는 물론 나라 밖의 눈과 귀가 되기 위해 노력하였지요. 그래서 (나)에서와 같이 '폐하'가 바로 서야 나라가 바로 설 수 있음을 천명하기도 했습니다.

하지만 (다)를 보면『독립신문』의 한계를 느낄 수 있습니다. (다)를 보면 "나라 안에 해·육군이 조금 있어 동학이나 의병 같은 지방의 도둑 떼나 평정시킬 만하면 넉넉하다"고 밝혀 외국의 침범을 막을 필요가 없다고 적혀 있습니다. 이와 같은 생각은 러시아를 제외한 외세에게 오히려 우호적이었던 한계를 드러내는 부분이라 할 수 있습니다.

* 해답은 예시로 제시된 내용입니다.

왜 독립 협회는 해산되었을까?

역사공화국 한국사법정 49

왜 독립 협회는 해산되었을까?

© 정명섭, 2012

초판 1쇄 발행일 2012년 6월 14일
초판 5쇄 발행일 2021년 11월 3일

지은이   정명섭
그린이   고영미
펴낸이   정은영

펴낸곳   (주)자음과모음
출판등록   2001년 11월 28일 제2001-000259호
주소   10881 경기도 파주시 회동길 325-20
전화   편집부 (02) 324-2347 경영지원부 (02) 325-6047
팩스   편집부 (02) 324-2348 경영지원부 (02) 2648-1311
이메일   jamoteen@jamobook.com

ISBN 978-89-544-2349-6 (44910)

과학공화국 법정시리즈 (전 50권)

생활 속에서 배우는 기상천외한 수학·과학 교과서!
수학과 과학을 법정에 세워 '원리'를 밝혀낸다!

이 책은 과학공화국에서 일어나는 사건들과 사건을 다루는 법정 공판을 통해 청소년들에게 과학의 재미에 흠뻑 빠져들게 할 수 있는 기회를 제공한다. 우리 생활 속에서 일어날 만한 우스꽝스럽고도 호기심을 자극하는 사건들을 통하여 청소년들이 자연스럽게 과학의 원리를 깨달으면서 동시에 학습에 대한 흥미를 가질 수 있도록 구성하였다.